# 나는 감이 아니라
# 데이터로 말한다

# 나는 감이 아니라 데이터로 말한다

신현호 지음

**팩트의 홍수에서 진실을 골라내는 데이터 읽기의 기술**

한겨레출판

데이터와 차트로는 표현할 수 없는

사랑으로 함께해준

나의 아내 이유리에게

### 날카로운 직관을 갖기 위해 꼭 읽어야 할 책

좋은 의도에서 출발한 정책이 기대와 전혀 다른 부작용을 가져오는 경우는 매우 흔하다. 단순한 추측이나 감을 통찰력으로 착각하고 중요한 결정을 그르치는 예도 드물지 않다. 이 책은 우리 주변에서 쉽게 접할 수 있는 사례를 치밀하게 분석해 널리 퍼져 있는 오류와 편견을 바로잡아 준다. 논리에 바탕을 둔 날카로운 직관을 갖고 싶다면 이 책을 읽어라. 무엇보다 재미있다.

_금태섭, 국회의원

### 빅데이터 시대의 필수 교양서

빅데이터의 시대, 데이터를 읽어내는 능력에 미래가 있다고들 한다. 그러나 넘쳐나는 데이터를 마주하다 보면 어디서부터 읽어내려야 할지 너무 막막하다. 이 책은 우리 주변에서 상식이라 여긴 25가지 명제를 통계와 데이터를 통해 의문을 제기하고 그것을 새롭게 읽어낸다. 상식에 대한 도전은 의심과 호기심에서 출발한다. 이 책은 그 모범을 보여준다.

_이용우, 카카오뱅크 대표이사

## 경험 넘어 진실을 밝혀내는 데이터 독해의 힘

우리들은 자신의 경험이 세상의 전부라고 믿는 경향이 있다. 각자의 주관성은 차별과 편견의 벽이 쉽게 깨지지 않는 중요한 이유다. 하지만 우리의 경험을 넘어선 진실을, 데이터는 정확하게 보여준다. 저자는 건조한 숫자와 도표에 숨겨진 진실의 의미를 설득력 있게 해석해주는 통역자와 안내자가 되어준다. 특히 여성과 관련한 3부는 '젠더전쟁'이라 불리는 이 시기에 자기의 편견과 비좁음을 넘어서려는 분들이 꼭 읽었으면 한다.

_정연순, 전 민주사회를 위한 변호사 모임 회장

## 데이터 해석과 활용에 관한 최고의 입문서

이 책은 지적 호기심을 자극하기에 충분한 시의성 있는 이슈들로 가득 차 있다. 그렇다고 흥미 위주의 책은 아니다. 전문용어와 난해한 수식을 자신만의 언어로 풀어내는 저자의 스토리텔링 실력에 경탄할 수밖에 없다. 데이터 해석과 활용에 관한 입문서로 손색이 없다. 성인뿐 아니라 사회현상에 관심을 가지기 시작한 학생들에게 필독을 권한다.

_백웅기, 상명대학교 총장

## 복잡한 인간사를 푸는 단초를 제공하는 책

데이터는 '주어진 것' 또는 '모아진 것'이다. 어떻게 묻고 살펴보느냐에 따라 설익은 신념의 장식품이 되기도 하고, 복잡하게 얽힌 인간 문제를 푸는 단초가 되기도 한다. 일그러진 얼굴로 목소리만 높이는 자들의 흉기가 되기도 하고, 낮게 따지며 세상의 알곡을 키우는 농사꾼의 호미가 되기도 한다. 저자는 독자에게 단단한 호미 한 자루를 선사한다. 읽지 않을 재간이 없다.

_이상헌, 국제노동기구 고용정책국장

# 데이터라는
# 양날의 검을 다루는 방법

이 책에서 저는 우리의 주변에서 벌어지는 다양한 현상을 데이터와 차트를 나침반 삼아 탐험하려고 합니다. 이 탐험을 앞두고 제가 세운 세 가지 원칙을 말씀드리겠습니다. 첫째, 가급적 일상에서 접할 수 있는 주제를 다룰 것, 둘째, 각 주제와 관련된 전문 기관의 조사와 학계의 연구 결과를 충실하게 소개할 것, 마지막으로 정보를 정확하고 압축적으로 표현하는 데이터와 차트를 활용하는 것입니다.

첫 번째 원칙인 주제 선정부터 말씀드리겠습니다. 이 책은 데이터 분석이 전문가들의 학술 논문이나 보고서에서만 다루어지는 전문 영역이 아니라, 우리 주변의 시의성 있는 다양한 이슈(정치, 경제, 사회, 스포츠, 젠더)들을 다루는 데도 효과적이라는 사실을 보여주려 합니다.

두 번째 원칙은 '조사와 연구의 소개'입니다. 이 책은 저널리스트가 현장에서 취재한 기사가 아니기 때문에 한 박자 늦더라도 충분한 시간을 갖고 독자들에게 내용을 친절하게 설명하는 것을 목표로 삼았습니다. 사회의 여러 쟁점에 대해 분연히 떨쳐 일어나 각자 명확한 입장을 갖고 투철하게 싸우는 것도 의미가 있다고 생각합니다. 하지만 우리 사회가 충분히 공통의 지평을 찾을 수 있는 사안까지도 사실과 분석을 등한시하여 논의가 지나치게 정파적으로 이어지는 경우도 많다고 생각합니다. 그래서 전문 기관과 학자들의 다양한 연구를 검토하고 해당 전문가들로부터 자문을 받았습니다.

끝으로 가장 중요한 원칙인 데이터와 차트에 관한 것입니다. 저는 20여 년 이상 대학연구소, 컨설팅 기업 그리고 국회에서 컨설턴트와 이코노미스트로 활동하면서 정보를 추출하고, 양적으로 정리하며, 그래프와 차트로 표현하는 작업들을 해왔습니다. 이런 경험을 통해 데이터와 차트에 기반한 소통이 일상어를 기반으로 한 대화보다 훨씬 더 효율적이고 정확하다고 생각해왔습니다. 하지만 일상에서 많은 분들이 데이터와 차트에 익숙하지 않아 이를 어려워하고 멀리한다는 것도 알게 되었습니다. 그래서 이 책에서는 데이터와 차트를 충분히 활용하되 너무 딱딱하거나 앙상하지 않도록 충분한 설명을 가미하려고 노력했습니다.

서양에서 언론인들은 차트의 중요성을 강조할 때, '한 장의 그림은 천 개의 단어만큼 가치가 있다(A Picture is Worth a Thousand Words)'는 구절을 자주 인용합니다. 흥미롭게도 중국에도 '한 장의 그림은 만 마디 말에 해당한다(畵意能達萬言)'는 유사한 표현이 있다고 합니다. 물론 여기에서 그림이라고 하는 것이 꼭 차트에만 국한되는 것은 아니겠지만 적어도 오늘날 저널리스트와 분석가들에게는 데이터를 응축한 차트, 지도, 인포그래픽스 등이 가장 중요한 그림이라고 여겨집니다.

차트가 주목받는 핵심 이유 중 하나는 우리의 뇌가 정보를 처리하는 특성 때문입니다. 사람들은 글을 읽을 때는 집중해서 의식적인 활동을 통해 평가를 내리는데, 이것을 주의(attentive) 처리라고 합니다. 반면 그림(차트)을 볼 때는 다소 직관적인 방식으로 정보를 흡수합니다. 주의를 기울이기 이전에(pre-attentive) 받아들이는 것이죠. 우리는 차트의 오른쪽으로 올라가는 선을 보면 본능적으로 증가라고 생각하고, 두 개의 길이가 다른 막대를 보면 손쉽게 두 범주를 비교할 수 있습니다. 이 점은 독자들의 주목이 가장 희소한 자원이 된 우리 시대에 굉장한 장점이 아닐 수 없습니다.

하지만 이것은 양날의 검입니다. 정보처리의 특성 때문에 잘못 작성된 데이터와 차트는 글보다 훨씬 더 깊은 상처를 남길 수 있습니다. 독자 여러분들은 2018년 8월 청와대에서 발표한 '숫자로 읽는 우리 경제'라는 차트가 일으킨 소동을 기억하실 텐데요. 여기에 실린 차트들은 척도가 들쭉날쭉해서 제대로 비교하기 곤란한 것이었고, 앞서 말씀드린 대로 시각적 정보에 대한 처리 방식 때문에 독자들이 잘못된 해석을 내릴 위험이 컸습니다. 이 차트를 두고 야당에서는 의도적 왜곡이라고 강하게 비판했고, 결국 청와대 담당 비서관이 해명과 사과를 하기에 이르렀습니다. 데이터 처리, 차트 작성, 해설이 제 분야이기 때문에 청와대의 실수를 보며 모골이 송연했는데요. 저 역시 같은 오류를 범하지 않았을까 하는 두려움을 떨칠 수가 없었습니다. 이 책을 내놓은 지금도 똑같은 두려움을 느끼지만, 누군가 제 글을 흥미롭게 읽고 유익하게 활용해주기를 바라면서 애써 용기를 내봅니다.

\*\*\*

이 글을 쓰면서 수많은 연구자들로부터 도움을 받았습니다. 그 중 저의 성가신 의문과 자료 요청에 친절하게 답해주신 다음 분들께는 따로 감사의 말씀을 드리고 싶습니다. 김희삼 교수(광주과학기술원), 나진경 교수(서강대), 이우진 교수(고려대), 김성훈 교수(싱가포르경영대학), 유팡 교수(중국유럽국제경영대학원), 존 안토나키스 교수(스위스 로잔대학), 마일스 코라크 교수(캐나다 오타와대학), 그레고리 머레이 교수(미국 오거스타대학), 앤드루 오스왈드 교수(영국 워릭대학), 이선 포터 교수(미국 조지워싱턴대학), 알렉산더 토도로프 교수(미국 프린스턴대학) 그리고 알렉산더 와이스 교수(영국 에든버러대학)입니다.

때로는 격려로 때로는 날선 비판으로 정신을 번쩍 들게 해주셨던 상명대학교 백웅기 총장님, 카카오뱅크의 이용우 대표이사님, 정연순 변호사님, 금태섭 의원님, 국제노동기구의 이상헌 국장님은 과분한 추천사까지 써주셨습니다. 최우성 에디터와 안선희 에디터는 제 글의 수많은 오류를 바로잡아 주셨습니다. 이승한 에디터는 제 글을 책답게 만드는 데 훌륭한 역량을 보여주셨습니다. 이 모든 분들께 감사를 드립니다.

2019년 2월

신현호

## 3부 • 페미니스트가 된 데이터 전문가
### 데이터, 여성의 무기가 되다

## 4부 • 8시 뉴스를 튼 데이터 전문가
### 권력자들은 어떻게 속이는가

# 1부

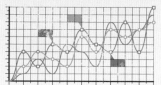

# 사기꾼 앞에 선 데이터 전문가

## 인간 심리에도 패턴이 있다

**핫핸드와 도박사의 오류**

# 로또 명당은
# 진짜 존재할까

2017년 노벨 경제학상 수상자인 리처드 세일러(Richard H. Thaler) 미국 시카고대학 교수는 2015년 할리우드 영화 〈빅쇼트(The Big Short)〉에 카메오로 출연한 적이 있습니다. 이 영화에서 세일러는 2000년대 중반 금융시장을 휩쓸었던 광기의 배후에 '핫핸드(hot hand)'라고 하는 고전적인 심리 현상이 있다고 설명합니다.

본래 핫핸드는 농구 경기에서 기원한 용어입니다. 농구 팬들은 한 선수가 슛을 연속해서 성공할수록 그 다음 번 슛의 성공 확률이 높아진다고 믿는 현상을 핫핸드라고 부릅니다. 미국 코넬대학 심리학과의 토머스 길로비치(Thomas Gilovich) 교수 팀은 이 문제의 진위 파악을 위해 미국 프로농구 데이터를 분석해서 그 결과를 1985년 〈농구의 핫핸드: 무작위 연속사건에 대한 오해〉라는 논문으로 발표했습니다.[1] 만약 핫

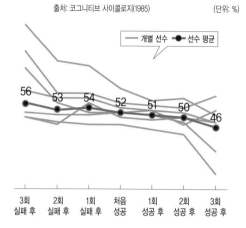

**표 1-1** 과거 슛 성공 여부에 따른
필드 슛 성공 확률

출처: 코그니티브 사이콜로지(1985)　　　　　(단위: %)

개별 선수　●선수 평균

56　53　54　52　51　50　46

3회　2회　1회　처음　1회　2회　3회
실패 후　실패 후　실패 후　성공　성공 후　성공 후　성공 후

핸드가 실제로 존재하는 현상이라면, 어떤 선수가 직전에 골을 실패했을 때는 다음 슛을 성공할 확률이 낮고, 반면에 직전에 연속 성공한 횟수가 많을수록 다음 슛에 성공할 확률이 계속 높아질 것이라고 생각할 수 있습니다. 하지만 필라델피아 세븐티식서스 팀의 1980~1981년 시즌 기록을 분석한 결과, [표 1–1]에서 보듯이 대부분의 선수는 직전 슛의 성공 횟수가 높아질수록 오히려 다음 슛 성공 확률이 낮아졌습니다.

:: 로또 명당에 사람들이 줄을 서는 이유 ::

이런 결과는 농구 팬들의 생각과 어긋나는 기록이죠. 핫핸드를

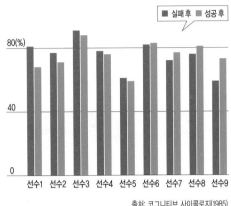

**표 1-2** 두 번째 자유투 성공 확률

■ 실패 후 ■ 성공 후

출처: 코그니티브 사이콜로지(1985)

지지하는 분들은 어쩌면 이렇게 반박할지도 모르겠습니다. "직전 성
공 횟수가 높아지면 상대 팀이 그 선수에 집중해서 수비하게 되고, 그
것 때문에 오히려 성공 확률이 낮아질 수 있다. 따라서 단순히 이 통계
로 핫핸드를 부정할 수는 없다." 그래서 길로비치 교수는 이번에는 수
비가 아예 없는 상황에서 2회 연속 자유투를 던지는 경우를 검토했습
니다. 보스턴 셀틱스 팀의 1980년대 두 시즌 기록을 분석했는데, [표
1-2]에서 보듯이 아홉 명 중 네 선수는 첫 번째 슛에 실패했을 때보다
성공했을 때 두 번째 슛의 성공 가능성이 높았지만(선수 6~9), 다섯 명
은 반대였습니다(선수 1~5). 그리고 두 경우 모두 큰 차이는 보이지 않았
습니다. 결국 자유투를 통해서도 핫핸드를 입증할 수는 없었습니다.

우리 주변에도 핫핸드 현상을 쉽게 찾아볼 수 있습니다. 이른바
'로또 명당'입니다. 로또 1등 당첨자를 여러 차례 배출한 판매소 앞에

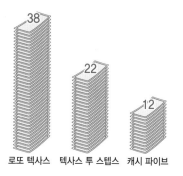

표 1-3 로또 1등 배출 판매소의
다음 주 판매 증가율 (단위: %)

38

22

12

로또 텍사스    텍사스 투 스텝스    캐시 파이브

출처: 아메리칸 이코노믹 리뷰(2008)

는 로또를 구입하려는 인파로 장사진을 이룬다고 합니다. 이런 현상은 한국에만 고유한 것은 아닌 듯합니다. 미국 시카고대학 경제학과의 조너선 거리얀(Jonathan Guryan) 교수 팀은 2000~2002년 텍사스 주 로또 판매 데이터를 분석해서 2008년 〈명당에서 도박하기: 주(州) 로또 판매 실증〉이라는 논문을 발표했습니다. [2] 참고로, 텍사스에서는 세 가지 종류의 로또가 판매되는데, 최고 상금은 모두 달라서 '로또 텍사스(Lotto Texas)'가 5,120만 달러, '텍사스 투 스텝(Texas Two Step)'이 160만 달러, '캐시 파이브(Cash Five)'는 9만 달러였습니다.

이들의 연구 결과를 살펴볼까요? [표 1-3]에서 알 수 있듯이 로또 1등을 배출한 판매소들은 그 다음 주 로또 판매량이 12퍼센트에서 38퍼센트까지 크게 늘었는데, 특히 최고 상금이 큰 로또 순으로 증가율이 컸습니다. 그리고 상승효과는 대략 40주 정도 지속되다가 소멸됐다고 합니다. 또한 고졸 미만, 노인 및 빈곤층 비율이 높은 지역에서 핫핸드 효과가 더욱 뚜렷하다며 이들이 '명당 효과'에 상대적으로 영향을 더 많이 받는다는 점을 확인했습니다.

:: 동전을 던질 때 똑같은 면이 나올 확률은? ::

그런데 확률적으로 발생하는 연속적인 사건들과 관련한 오류는 비단 핫핸드만 있는 게 아닙니다. 만약 동전을 던져서 앞면이 다섯 번 연속해서 나왔다면, 그다음 동전을 던질 때 앞면이 또 나올 확률은 얼마일까요? 2분의 1일까요? 아니면 그보다 더 높을까요, 낮을까요? 이런 경우 많은 분들은 '앞면이 다섯 번이나 연속해서 나왔는데 설마 또 앞면이 나오겠어? 이제는 뒷면이 나올 게 확실해'라고 생각하는 경향이 있다고 합니다. 이것을 사회과학자들은 '도박사의 오류(gambler's fallacy)'라고 부릅니다.

미국 펜실베이니아대학 경영학과의 레이철 크로슨(Rachel Croson) 교수 팀은 카지노 룰렛 게임을 소재로 이 문제를 파고들어 2005년 〈도박사의 오류와 핫핸드〉라는 논문을 발표했습니다.[3] 가장 간단한 형태의 룰렛으로, 똑같은 면적의 녹색과 적색 두 종류의 포켓으로 나뉘어 있는 원판에 구슬을 던져 어느 포켓에 들어가는지를 맞히는 경우를 살펴보겠습니다. 이들은 네바다 주 리노 시의 한 대형 카지노의 협조를 얻어 139명이 룰렛 게임을 하는 비디오 영상을 분석했습니다. 같은 색이 계속해서 나온 후 도박에 참가한 사람들이 그 색에 돈을 거는 성향

**표 1-4** 룰렛에서 연속 녹색 당첨 후 고객의 선택　(단위: %)

■ 적색 선택 ■ 녹색 선택

| | 1회 | 2회 | 3회 | 4회 | 5회 | 6회 |
|---|---|---|---|---|---|---|
| 적색 선택 | 49 | 50 | 51 | 57 | 66 | 85 |
| 녹색 선택 | 51 | 50 | 49 | 43 | 34 | 15 |

출처: 저널 오브 리스크 앤드 언써튼티(2005)

이 어떻게 달라지는지를 추적해 본 것이죠. [표 1-4]를 보면 녹색이 3회 연속 나올 때까지는 녹색과 적색 모두에 골고루 돈을 걸었지만, 녹색의 당첨 횟수가 더 누적되면 그 색을 선택하는 경향이 급격히 줄어들었습니다. 6회 연속 녹색이 나왔을 경우 그다음에도 녹색을 선택하는 빈도는 겨우 15퍼센트에 지나지 않았습니다.

:: 프로야구 심판, 난민 판정관, 대출 심사인도 속는다 ::

도박사의 오류가 말 그대로 도박장에서만 일어나는 일이라면 그리 큰 문제가 아닐 수 있습니다. 하지만 프랑스 툴루즈경제대학의 다니엘 첸(Daniel L. Chen) 교수 팀은 도박사의 오류가 현실의 중요한 문제들에 대해서도 커다란 영향을 미친다는 점을 증명하여 많은 사람을 놀라게 했습니다. 이들이 2016년에 발표한 논문 〈도박사의 오류에 영향을 받은 의사결정: 난민 판정관, 대출 심사인, 야구 심판의 사례〉를 살펴보겠습니다.[4]

미국 메이저리그는 '피치에프엑스(PITCHf/x)'라고 불리는 시스템을 이용해 모든 투구를 매우 정밀하게(1제곱센티미터 단위) 측정, 기록하고 있습니다. 첸 교수는 2008~2012년 타자가 스윙을 하지 않아 주심이 스트라이크와 볼을 판정한 150만 건의 투구를 대상으로 심판의 스트라이크 판정이 직전 판정으로부터 영향을 받는지 분석했습니다. 물론 볼 카운트와 투구 위치 등 여러 요인들이 분석에 영향을 미치지 않도록 했습니다.

[표 1-5]를 보면, 직전에 스트라이크로 판정했을 때 심판이 다음 투구에도 스트라이크 판정을 내릴 확률은 직전에 볼로 판정했을 때에 비해 1.5퍼센트 포인트 낮았습니다. 직전에 두 번 연속 스트라이크로 판정한 경우에는 2.1퍼센트 포인트 낮았습니다. 투수가 던진 공이 스트라이크 존 경계에 가까워서 판정하기 애매한 경우에는 차이가 더 컸습니다. 스트라이크로 판정할 확률이 각각 3.5퍼센트 포인트(직전 스트라이크), 4.8퍼센트 포인트(직전 연속 두 번 스트라이크) 낮았습니다. 심지어 스트라이크 존 한가운데를 지나는 '분명한' 투구에서조차 스트라이크를 부를 확률은 각각 0.2퍼센트 포인트, 0.5퍼센트 포인트 낮아졌습니다. 믿기 어려우신가요?

비슷한 사례는 여럿 있습니다. 미국의 경우, 정치·종교·인종 등의 사유로 본국에서 위협을 받는 외국인이 법원에 난민 신청을 하면

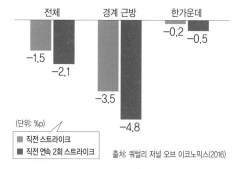

**표 1-5** 스트라이크 판정 후 다음 투구의
스트라이크 판정 확률 변화

전체　　　경계 근방　　　한가운데

-1.5

-2.1

-3.5

-4.8

-0.2
-0.5

(단위: %p)

■ 직전 스트라이크
■ 직전 연속 2회 스트라이크

출처: 쿼털리 저널 오브 이코노믹스(2016)

담당 재판관이 위협의 실질성 여부를 판단해 난민 지위를 부여하거나 거절합니다. 연구팀은 1985~2013년 미국 난민 재판관 357명이 수행한 15만 건의 난민 심사 자료를 분석해 난민 판정이 직전 판정으로부터 영향을 받는지 살펴봤습니다. 이번에도 난민 신청자의 국적 등을 고려해 분석해보니, 유사 사례의 경우 난민 승인을 받을 확률은 동일한 재판관이 직전에 승인을 했을 경우 3.3퍼센트 포인트 하락했고, 특히 직전에 연속해서 두 번 승인을 했을 경우에는 5.5퍼센트 포인트나 낮아졌습니다.

연구팀은 은행의 대출 심사에 대한 모의실험도 수행했습니다. 인도에서 평균 경력 10년인 현직 은행원 188명을 모집해, 총 9,000여 건의 소규모 기업대출 심사 자료를 심사하도록 했는데요. 이 자료는 과거 다른 곳에서 이루어진 실제 자료이기 때문에, 연구팀은 해당 대출의 승인 및 상환 여부를 알고 있었습니다. 연구팀은 모집된 은행원들

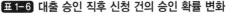

**표1-6** 대출 승인 직후 신청 건의 승인 확률 변화

(단위: %p)

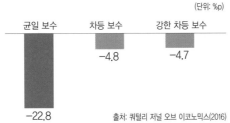

출처: 쿼털리 저널 오브 이코노믹스(2016)

을 세 그룹으로 나누었습니다. 첫째 그룹은 심사 건당 일정한 금액을 주는 '균일 보수제'를, 둘째 그룹은 실제 상환된 건을 승인할 경우에는 보수를 주되 상환되지 않은 건을 승인할 경우에는 보수를 주지 않는 '차등 보수제'를, 마지막 그룹은 상환되지 않은 건을 승인할 경우 벌금을 내게 하는 '강한 차등 보수제'를 시행했습니다.

　결과가 [표 1-6]에 나타나 있습니다. 우선 균일 보수제부터 보시죠. 대출 심사인이 직전에 대출을 승인했을 경우 유사한 건에 대해 승인할 확률은 무려 22퍼센트 포인트나 낮아졌습니다. 하지만 차등 보수제나 강한 차등 보수제를 채택할 경우에는 약 4.7퍼센트 포인트 하락하는 데 그쳤습니다. 경제적 인센티브에 의해 심사인들이 심사에 보다 집중했기 때문일 것입니다.

　그렇다면 우리의 삶에서 이런 오류는 왜 발생하는 것일까요? 실제로 여러분이 집에서 동전을 100번 던져서 결과를 기록해보면, 앞면과 뒷면이 교대할 때도 있지만 한쪽 면이 여러 차례 연속되는 경우도 쉽게 발견할 수 있을 것입니다. 이것은 우연히 작동하는 확률 세계에서 매우 자연스러운 현상입니다. 그런데 우리의 인식은 앞면과 뒷면이 교대하는 경우는 건성으로 흘리고, 특정 면이 대여섯 번 또는 그 이상 반복되면 거기에 주목해 어떤 신비한 의미를 부여하는 속성이 있습니다. 길로비치 교수가 동전을 던져서 나온 성공과 실패의 기록을 시합에서의 슛 성적이라고 농구 팬들에게 보여줬더니 농구 팬의 60퍼센트 이상은 핫핸드가 존재하는 증거로 이를 받아들였다고 합니다. 연속 성공을 보고 특별한 힘이 있다고 믿으면 핫핸드 오류에 빠지는 것이고, 반대로 행운과 불운의 총량이 정해져 있어서 다음에는 반대로 갈 것이라고 믿으면 도박사의 오류에 빠지는 것입니다.

이제까지 우리는 여러 건의 연구를 통해 핫핸드 오류와 도박사의 오류가 광범위하게 존재한다는 사실을 살펴봤습니다. 그리고 이러한 오류는 저학력자, 빈곤층 등 사회적 취약 계층에서 상대적으로 많이 발견되지만 판사, 금융인, 프로야구 심판 등 고도의 전문성을 갖춘 이들도 예외가 아니라는 점도 확인했습니다.

맨 앞에 소개해드린 영화에서 리처드 세일러 교수가 던진 메시지는 다음과 같습니다. '객관적인 확률을 무시한 채 과거에 성공했으니 이번에도 또 성공하리라고 믿는 것은 카드 게임에서든 금융 투자(또는 투기)에서든 둘 다 심각한 오류로, 인간은 이런 오류에 취약하다.' 여러분은 어떠신가요?

나이듦과 행복도

# 원숭이도
# 중년의 위기를 느낀다

경제학자들은 전통적으로 개인의 행복을 직접 분석하기보다는 소득이나 재산을 통해 간접적으로 파악합니다. 행복은 관찰하기도 측정하기도 어렵기 때문입니다. 하지만 1970년대에 미국 서던캘리포니아대학의 경제학자 리처드 이스털린(Richard Easterlin)은 부유한 나라가 반드시 더 행복한 것은 아니라는 '이스털린의 역설(Easterlin's paradox)'을 발표했습니다.[5] 세간에는 소득 수준이 매우 낮은 부탄 국민들이 행복 수준은 매우 높은 것으로 나타나 화제가 된 바 있습니다. 이후 경제적 측면을 넘어서는 행복 자체에 대한 관심이 커졌고, 경제학자들도 '삶의 만족도'나 '행복감' 등을 조사하고 여기에 영향을 미치는 요인이 무엇인지 본격적인 분석에 착수했습니다. 그 결과 경제협력개발기구(OECD)와 유엔은 세계 각국의 행복도 조사를 통해 2011년부터 '더 나은 삶 지수'와 '세계 행복 지수'를 해마다 발간하고 있습니다.

## :: 중년에 찾아오는 행복감의 상실 ::

행복에 관한 여러 연구 중에서 많은 사람들이 주목한 것은 나이와 행복의 관계였습니다. 연령별 행복도에 대한 연구가 많이 축적된 영국의 사례를 먼저 살펴보시죠. 영국 통계청은 매년 전국 표본조사를 통해 웰빙에 대한 데이터를 축적하고 있습니다. 조사에 참여한 사람들은 연령·성·교육 수준·지역 등 각종 개인적 특성을 나타내는 항목과 함께, '요즈음 전반적으로 당신의 삶에 얼마나 만족하시나요'라는 질문에 0점에서 10점 사이의 값으로 답변을 하게 됩니다. 2011~2015년간 총 41만 6,000명을 대상으로 한 해당 자료를 영국 워릭대학의 경제학자 앤드루 오스월드(Andrew Oswald) 교수 팀이 분석하여 〈인간은 중년에 심리적으로 바닥에 이르는가〉라는 논문으로 발표했습니다.[6]

행복에 영향을 미치는 여러 요인, 예컨대 가족관계나 교육 수준 등이 연령대별로 다르므로 과연 행복수준의 차이가 연령 때문인지 아니면 다른 요인이 연령을 통해 드러나는 것인지 파악하기 어렵습니다. 그래서 이들은 이러한 효과를 제거하고 나이가 행복에 미치는 영향을 살펴봤습니다. 그 결과가 [표 2-1 Ⓐ]에 정리되어 있습니다. 비교적 U자 형태가 뚜렷한 편입니다.

영국의 경우, 삶의 만족도가 가장 낮은 중년기와 만족도가 높은

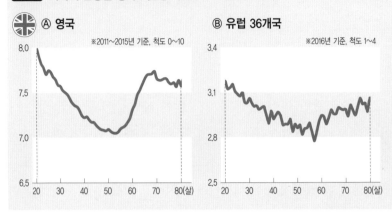

표 2-1 각국의 연령별 행복도(연령 이외의 주요 변수는 제거)

Ⓐ 영국 ※2011~2015년 기준, 척도 0~10

Ⓑ 유럽 36개국 ※2016년 기준, 척도 1~4

청년기 및 노년기의 점수 차이는 대략 1포인트(10점 척도 기준) 정도인데
요, 과연 이것은 어느 정도의 격차일까요? 오즈월드 교수의 계산에 의
하면, 이혼과 실업은 삶의 만족도를 각각 0.3포인트, 0.8포인트 하락시
킨다고 하니, 중년의 위기 효과는 결코 작은 값이 아닙니다. 이들은 같
은 보고서에서 영국 외의 여러 나라에 대해서도 분석을 했습니다. [표
2-1 Ⓑ]는 2016년 유럽연합 집행위원회가 28개 회원국을 포함한 유럽
의 36개 나라 3만 2,000명을 대상으로 삶의 만족도를 조사한 뒤 그 결
과를 정리한 것입니다. 여기에서도 중년의 위기가 분명히 나타납니다.
[표 2-1 Ⓒ]는 미국 사례입니다. 42만 7,000명의 미국인을 대상으로 한
질병통제예방센터의 조사에 기초한 것인데요. 영국이나 유럽에 비해
중년기의 U자 형태는 조금 덜한 모습입니다.

이제 한국을 살펴볼 차례입니다. 한국의 연령별 행복도에 대해서

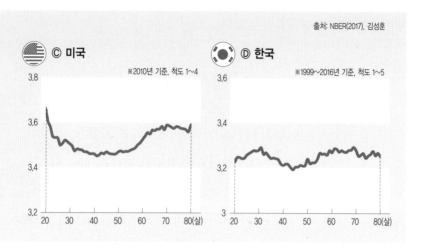

출처: NBER(2017), 김성훈

© 미국
※2010년 기준, 척도 1~4

Ⓓ 한국
※1999~2016년 기준, 척도 1~5

는 유럽과 미국만큼 연구가 본격적으로 이뤄지지는 않았습니다. 그간 한국개발연구원이나 한국보건사회연구원 등이 한국인의 연령별 삶의 만족도를 단순 관찰해보니 외국과 달리 U자형이 아니라 지속적으로 하락하는 경향이 있다고 지적한 바 있습니다. 저는 오즈월드 교수와 함께 연구를 수행하고 있는 싱가포르경영대학 김성훈 교수의 도움으로 한국노동연구원의 자료를 분석한 뒤 그 결과를 [표 2-1 Ⓓ]에 정리해봤습니다. 그림을 보면 U자 형태는 매우 미약합니다. 이 점에서 노벨 경제학상 수상자인 미국 프린스턴대학의 앵거스 디턴(Angus Deaton) 교수 팀이 갤럽(Gallup)의 세계 여론조사를 이용해 연령별 삶의 만족도를 수치화한 것이 참고가 됩니다. 이들에 의하면, 세계 160개국 중에서 고소득 영어권 국가인 미국, 캐나다, 영국, 오스트레일리아, 뉴질랜드, 아일랜드 등 6개국에서는 U자형 곡선이 뚜렷하게 나타났지만 그

외의 지역에서는 분명하지 않았다고 합니다.[7]

## :: 유인원도 중년의 위기를 느낀다? ::

사실 중년기는 인생의 다른 시기에 비해 소득과 지위가 상대적으로 높은 시기이니만큼 이 시기에 삶의 만족도가 낮다는 것은 다소 역설적이기도 합니다. 그간 여러 연구에서 조직의 책임자로서 갖게 되는 높은 스트레스, 10대 자녀와의 갈등 등이 중년의 만족도를 떨어트리는 원인으로 지적되었습니다. 2017년 삼성사회정신건강연구소가 설문조사와 심층 인터뷰로 우리 사회 중년들의 내면을 정리한 《아무에게도 말할 수 없었던 진심》을 보면 한국의 중년들도 고독, 책임감, 가족과 주변의 기대 등으로 인한 스트레스 증상을 호소하고 있습니다.[8]

그런데 2012년 영국 에든버러대학의 알렉산더 와이스(Alexander Weiss) 교수는 〈유인원의 중년 위기가 인간의 U자형 곡선과 일치하는 증거〉라는 흥미로운 논문을 발표했습니다.[9] 세계 각국의 영장류 학자들과 힘을 합쳐 유인원에게도 중년의 위기가 나타나는지를 살펴본 것이죠. 물론 침팬지와 오랑우탄의 행복도를 인간처럼 설문에 답하는 방식으로 조사할 수는 없습니다. 그래서 이들은 동물 연구에서 널리 쓰이는 방법에 따라, 동물원의 담당자로 하여금 대상 유인원의 기분이 긍정(부정)적인 정도, 다른 개체들과의 관계에서 느끼는 기쁨의 정도, 목표를 달성하는 정도를 평가하게 하고, 끝으로 평가자가 해당 오랑우탄이나 침팬지라면 얼마나 행복할지에 대해서 답변하게 했습니다.

**표 2-2** 유인원의 연령별 행복도

출처: PNAS(2012)

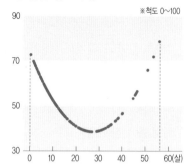

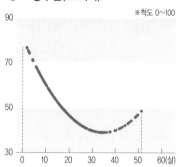

그 결과가 [표 2-2]에 정리되어 있습니다. 세계 각국의 동물원에 있는 침팬지 181마리와 오랑우탄 172마리에 대해서 연령별 행복도를 분석해보니, U자형 곡선에 잘 들어맞았습니다. 행복도가 최저가 되는 연령은 침팬지 27.2세, 오랑우탄 35.4세로, 인간 나이로 환산하면 모두 45~50세 구간에 해당합니다. 유인원에게서도 중년의 위기가 나타난 것입니다. 이에 대해서 학자들은 중년의 위기가 인간에게만 나타나는 현상이 아니며, 중년의 위기 원인 중 일부는 생물학적 특성에서 찾을 수 있는 게 아닐까 추측하고 있습니다.

잠시 개인적인 에피소드 하나를 소개할까 합니다. 제 지인 중 한 분은 미국 매사추세츠공대에서 공학박사학위를 받은 뒤 대학에서 공학 교수를 지내고 굴지의 미국 국립연구소의 간부로 근무했습니다. 오랜 기간 연구 경쟁에서 탈락하지 않고 살아남아 모두가 부러워하던 자리에 도달한 것인데, 이분이 40대 중반에 갑자기 직장을 그만두고 경제학과 대학원에 다니겠다고 선언했습니다. 격려를 하는 사람도 더러 있었지만 대부분은 말렸는데요. 당시 연구소의 상관은 이런 말을 들려 주며 적극적으로 만류했다고 합니다. "당신이 지금 겪는 것은 공학이 싫어서도 경제학이 좋아서도 아니고, 그냥 중년의 위기다. 내가 그런 사람 여럿 봤는데, 스포츠카 하나 사고 잊어버려라. 그러면 해결된다." 인터넷 검색을 해보면 쇼핑, 취미, 운동, 종교 활동 등 다양한 처방이 나옵니다. 과연 중년의 위기는 어떻게 해결해야 할까요?

:: 결혼과 행복도의 관계 ::

브리티시컬럼비아대학의 존 헬리웰(John F. Helliwell) 교수 팀이 2017년 발표한 〈가족의 삶〉이라는 논문에 따르면, 중년의 위기 극복에는 결혼이 매우 중요한 역할을 하는 것 같습니다.[10] [표 2-3 Ⓐ]는 이들이 영국 통계청의 연례 인구 조사를 활용해, 기혼자와 미혼자(비혼·이혼·사별 등)로 나눠 연령별 삶의 만족도를 정리한 것입니다. 많은 연구에서 밝혀진 바대로, 기혼자는 미혼자에 비해 모든 연령대에서 삶의 만족도가 높았습니다. 하지만 더 흥미로운 건 기혼자와 미혼자의 만족도 격차가 중년의 위기 시점에서 0.6포인트로, 청년기 및 노년기의 격차 0.2~0.3포인트보다 훨씬 컸다는 점입니다.

연구팀은 갤럽의 세계 여론조사를 활용해 세계 여러 지역을 대상으로 분석을 확대했는데요. 우리가 관심을 갖는 동아시아 지역의 경우를 살펴보겠습니다. [표 2-3 Ⓑ]를 보면, 동아시아에서도 기혼자와

**표 2-3** 결혼 여부에 따른 연령별 행복도

출처: 저널 오브 해피니스 스터디(2017)

Ⓐ 영국

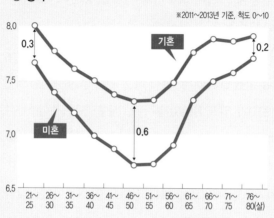

Ⓑ 동아시아

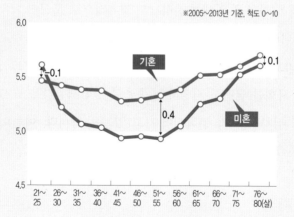

미혼자 사이의 만족도 격차가 청년기와 노년기에는 크지 않았지만, 중년의 위기 시점에는 상당히 컸습니다. 그래서 동아시아에서도 미혼자만 따로 분리해서 보면 U자형 곡선이 분명하게 나타날 정도였습니다. 이들은 이를 통해 스트레스가 가장 커지는 중년의 위기 시점에 배우자가 이를 완화해주는 것이 아닐까 추측하고 있습니다.

앞서 말씀드린 삼성사회정신건강연구소의 조사를 봐도 다르지 않습니다. 한국의 중년들에게 '현재 가장 큰 위로를 주는 대상'으로는 배우자(44.7퍼센트)가 압도적이었습니다. 배우자는 자녀(20.5퍼센트), 부모(10.4퍼센트), 친구(7.4퍼센트), 종교 단체 등의 지인(3.8퍼센트)을 합친 것보다도 훨씬 더 소중한 존재입니다. 그리고 '힘들 때 위로받고 싶은 대상' 역시 배우자가 63.6퍼센트에 이를 정도로 절대적이었습니다.

우리 사회가 부담을 덜어주고 지원을 아끼지 말아야 할 대상으로 주로 거론되는 존재는 미래의 희망을 잃어버리고 있는 청년세대, 그리고 일생을 가족을 위해 헌신하고도 경제적으로 곤궁한 처지에 있는 노인들입니다. 저는 50대 초반의 중년이지만 이는 당연하다고 생각합니다. 그리고 중년들이 짊어져야 할 책임이 여전히 크다고도 생각합니다. 다만 사회를 굳건히 지탱하는 중추로서의 책임감을 느끼는 중년들에게도 점차 피로가 누적되어 가고 있는 듯합니다. 이들이 중년의 위기에 무너지지 않고 잘 헤쳐나가길 기원합니다.

CHAPTER

# 03

**무행동의 비용**

# 당신이라면
# 누구를 죽이겠습니까

천연두는 오랜 시간 동안 인류에게 가해진 가장 무서운 위협 중 하나였습니다. 기원전 1145년 사망한 이집트의 파라오 람세스 5세의 미라에서도 천연두가 발견됐고, 한국에서도 〈처용가〉 등 삼국시대 기록에 천연두의 흔적이 남아 있다고 하니, 무려 3,000년의 역사를 갖고 있는 셈입니다. 천연두는 긴 시간 동안 인류 역사에 지속적으로 창궐하면서 남미의 아즈텍문명을 쇠락시켰고, 18세기 유럽에서는 해마다 40만 명의 목숨을 앗아갔습니다. 그토록 무섭던 천연두가 1970년대에 이르러 근절됐는데, 이는 1798년 영국 의사 에드워드 제너(Edward Jenner)가 발견한 천연두 백신의 보급이 결정적이었습니다. 이후 백신은 천연두 이외에도 홍역, 결핵, 수두 등 다양한 질병의 예방에 중요한 기여를 해오고 있습니다.

**표 3-1** '백신은 전반적으로 안전하다'는 주장에 동의하지 않는 비율

캐나다 **12.1**

미국 **13.5**

멕시코 **14.4**

출처: 이바이오메디신(2016)

　이런 빛나는 성과에도 불구하고, 백신 거부 움직임이 강해지는 역설적인 현상이 세계적으로 벌어지고 있습니다. 한국에서는 '안아키(약안 쓰고 아이 키우기)'라는 단체가 예방접종 거부 운동을 주도하며 논란을 일으켰습니다. 백신 거부 현상에 대해 논의를 하다 보면, '과학적 지식이 덜 보급된 낙후된 국가에서나 발생하는 것으로 교육 수준이 높아지

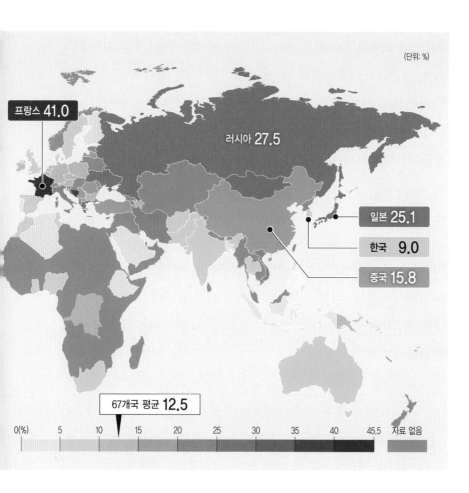

(단위: %)

프랑스 41.0

러시아 27.5

일본 25.1

한국 9.0

중국 15.8

67개국 평균 12.5

0(%)  5  10  15  20  25  30  35  40  45.5  자료 없음

면 저절로 해결될 것'이라는 주장을 자주 접하게 됩니다. 하지만 영국, 미국, 프랑스, 싱가포르의 보건학자들이 67개국 국민을 대상으로 조사해 2016년 발표한 〈백신에 대한 신뢰도〉를 보면, 백신에 대한 태도는 교육 및 경제발전 수준과는 직접적인 관련이 없었습니다([표 3-1] 참고).[11]

'백신은 전반적으로 안전하다'에 동의하지 않는 비율을 살펴보면,

프랑스가 41퍼센트로 가장 높았고, 보스니아와 러시아가 그 뒤를 이었으며, 일본도 25.1퍼센트로 7위에 올라 있습니다. 반면 방글라데시가 0.2퍼센트로 가장 낮았고, 사우디아라비아, 아르헨티나, 필리핀 등도 1퍼센트대의 매우 낮은 수치를 기록했습니다. 한국은 9퍼센트로 세계 평균(12.5퍼센트)보다 낮은 편이었습니다.

## :: 아이에게 백신 접종을 하지 않는 부모가 얻는 편익 ::

백신 기피 현상을 연구하던 보건학자들은 백신 효과와 부작용에 대한 왜곡된 정보 이외에 심리적 요인도 백신 접종에 대해 상당한 영향을 끼친다는 것을 발견하였습니다. 다음과 같은 가상의 상황을 한번 보실까요.

매우 위험한 인플루엔자가 창궐했다. 특히 3세 이하의 어린이에게 치명적이었는데, 이 아이들 중 10퍼센트가 감염되고, 감염된 아이들 중 1퍼센트가 이 병으로 사망한다. 요약하면 아이들 1만 명당 10명이 사망하게 되는 것인데, 새롭게 개발된 백신을 접종하면 아이들은 전혀 감염되지 않는다. 다만 백신의 부작용으로 아이가 죽을 수도 있다. 당신에게 이 나이 때의 아이가 있다고 치자. 당신은 어떻게 할 것인가?

이것은 실제로 펜실베이니아대학의 심리학자 조너선 배런(Jonathan Baron)과 일라나 리토브(Ilana Ritov)가 미국의 대학생들을 대상으로 조사한 것입니다. 이들은 이를 종합해 1990년 〈백신 기피: 부작위 편향과 모호성〉이라는 논문으로 발표했습니다.[12] 만약 부작용으로 인해 죽을 확률이 1만분의 10 이상이라면 접종을 피하는 것이 당연합니다. 그런데 생각해보면, 1만분의 10보다 낮다면 아이가 목숨을 구할 확률이 조금이라도 높아지니 접종을 하는 것이 무조건 좋은 것 아닐까요? 하지만 이 실험에 참여한 개인들의 백신 접종에 관한 의사를 결정하는 부작용 가능성의 평균값은 대략 1만분의 5 정도였습니다. 이후 수많은 후속 연구가 이어졌는데요. 부모만을 조사 대상에 두거나, 부작용으로 죽을 수 있는 아이를 해당 질환에 취약한 아이로 한정한다든가, 백신 비용을 여러 가지로 설정한다든가 등의 변화를 주었지만, 대체로 연구 결과는 일관되게 나타났습니다.

학자들에 따르면 사람들은 자신이 적극적으로 선택한 것과 선택하지 않은 것에서 발생하는 결과에 대해 상이한 책임감을 느끼기 때문이라고 합니다. 즉, 부모는 백신을 접종하지 않았을 때 아이가 병에 걸려 사망하게 될 경우 느끼는 책임감보다, 백신에 접종했는데 아이가 부작용으로 사망하게 되었을 경우 느끼는 책임감을 훨씬 더 크게 느낀다는 것이죠. 그래서 백신 접종을 하는 것이 더 바람직함에도 불구하고 이를 피하는 경향이 있고 이것을 '부작위 편향(omission bias)' 또는 '무행동 편향'이라고 명명하였습니다.

최근 기업들 사이에선 이러한 부작위 편향에 대한 경계가 커지고 있는데, 아마존 최고경영자 제프 베조스의 다음 경구가 이를 잘 웅변하고 있습니다. "사람들은 행동의 오류에 지나치게 집착하고, 기업은 실패의 비용을 지나치게 강조한다. 하지만 실패는 비싼 게 아니다. 알아차리기 힘들지만 기업에 있어서 가장 큰 비용은 무행동의 오류다."

그 외에도 여러 기업이 부작위 편향을 직접 언급하면서 이를 극복하려는 다양한 시도를 수행하고 있습니다.

## :: 다섯 명을 살리기 위해 한 명을 죽일 것인가 ::

부작위 편향과 관련된 도덕철학의 문제로 '트롤리 딜레마(trolley dilemma)'라는 것이 있습니다. 옥스퍼드대학의 철학자 필리파 풋(Philippa Foot)이 1967년에 최초로 제기한 다음 문제를 한번 살펴봅시다.[13]

다섯 명이 서 있는 선로에 열차가 들어오고 있고 그대로 두면 이 다섯 명은 열차에 치여 죽을 것이다. 그런데 당신은 선로를 바꿀 수 있는 레버 앞에 서 있다. 당신이 레버를 당겨 열차의 방향을 바꾸면 이 다섯 명을 살릴 수 있다. 하지만 바뀐 선로에도 한 명이 서 있어서 이 경우 그 사람이 죽게 된다. 당신은 레버를 당길 것인가 아니면 그대로 둘 것인가?

만일 공리주의적 관점으로 목숨의 가치를 계산해서 행동한다면, 당연히 레버를 돌려 다섯 명을 구하고 한 명을 희생하는 것이 바람직한 일일 것입니다. 하지만 '사람을 죽이지 말라'는 도덕적 명령에 따른다면, 행동하지 않음으로써 다섯 명의 죽음을 초래하는 것의 죄책감

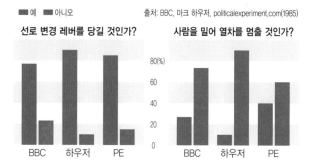

**표 3-2** 도덕적 딜레마의 선택 비율

■ 예 ■ 아니오　　　　　　출처: BBC, 마크 하우저, politicalexperiment.com(1985)

선로 변경 레버를 당길 것인가?　　　사람을 밀어 열차를 멈출 것인가?

보다 내가 레버를 당김으로써 한 명을 죽게 하는 것의 죄책감이 더 클 수도 있지 않을까요? 이에 대해 여러 차례 설문조사가 있었는데요. 대부분의 응답자는 레버를 당기는 행동을 선택했습니다.

한편 매사추세츠공과대학의 철학자 주디스 톰슨(Judith Thomson)은 1985년 트롤리 딜레마를 변형해서 '육교 딜레마'라는 것을 제시했습니다.[14] 이것은 트롤리 딜레마와 유사하지만 열차를 멈추는 방법이 다릅니다. 지금 당신이 육교 위에 서 있고, 당신 앞에 체구가 큰 사람이 있습니다. 당신이 지금 이 사람을 열차 앞으로 밀어뜨리면 열차는 멈추고 다섯 사람을 구할 수 있습니다. 이 사람을 밀어야 할까요 아니면 그냥 열차가 지나가도록 해야 할까요?

이것은 당신의 행동으로 다섯 명의 생명을 구하고, 그 부작용으로 한 명이 희생당한다는 점에서 트롤리 딜레마와 아무런 차이가 없습니다. 하지만 사람들의 반응은 매우 달랐습니다. [표 3-2]에 여러 조사 결과를 정리했습니다. 이를 보면 사람들은 다섯 명의 목숨을 구하기

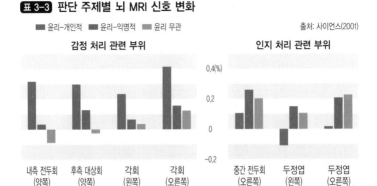

**표 3-3** 판단 주제별 뇌 MRI 신호 변화

■ 윤리-개인적  ■ 윤리-익명적  ▨ 윤리 무관

출처: 사이언스(2001)

감정 처리 관련 부위 | 인지 처리 관련 부위

내측 전두회 (양쪽)　후측 대상회 (양쪽)　각회 (왼쪽)　각회 (오른쪽)　　중간 전두회 (오른쪽)　두정엽 (왼쪽)　두정엽 (오른쪽)

위해 레버를 당겨서 한 명이 희생되는 것을 대체로 감수했지만, 한 명을 육교에서 밀어 다섯 명을 구하는 행동은 매우 주저한다는 사실을 알 수 있습니다. 이 둘의 차이는 과연 어디에서 기인하는 것일까요?

미국 프린스턴대학과 피츠버그대학의 심리학자들은 실험을 통해 이에 대한 실마리를 제시했습니다. 이들은 2001년 〈감정이 도덕적 판단에 미치는 영향: 기능적 자기공명 영상장치(fMRI)를 이용한 조사〉라는 논문에서 사람들로 하여금 세 가지 유형의 문제를 주고 선택하도록 했습니다.[15] 첫째는 육교 딜레마와 같이 개인이 드러나는 도덕적 선택이 강한 이슈, 둘째는 트롤리 딜레마처럼 도덕적 선택이지만 익명성이 강한 이슈, 끝으로 윤리적 측면이 없는 이슈였습니다. 예컨대 버스를 타느냐 지하철을 타느냐 같은 것들이죠. 그리고 실험에 참여한 사람들이 선택을 하는 동안 기능적 자기공명 영상장치를 이용해 뇌의 부위별 반응을 촬영했습니다.

그 결과가 [표 3-3]에 정리되어 있습니다. 인간의 뇌는 부위별로 어떤 기능을 수행하는지 잘 알려져 있는데요. 분석해보니 도덕적인 판단을 할 때, 개인적인 측면이 강한 이슈는 익명적 측면이 강한 이슈에 비해 각회(angular gyrus) 등 뇌의 감정을 처리하는 네 개의 영역들이 더 크게 반응했습니다. 반대로 두정엽(parietal lobe) 등 인지 처리와 관련된 세 개의 영역들은 반응이 더 낮았습니다. 그러니까 인간은 설령 행위의 결과가 동일(다섯 명의 생명을 구하고, 한 명을 희생시키는 것)하다고 이성적으로 판단하더라도, 사람을 미는 것과 레버를 당기는 것은 감정적으로 다르게 느끼기 때문에 선택이 달라진다는 뜻이죠.

:: 무인 자동차도 도덕적 판단을 내릴 수 있을까 ::

자동차 산업의 미래와 관련해서 크게 주목받고 있는 것 중 하나가 무인 자동차인데, 이와 관련해서도 트롤리 딜레마는 중요한 함의를 갖고 있습니다. 우리는 무인 자동차가 운행 중에 직면할 여러 상황을 고려해서 알고리즘을 설계하여야 합니다. 예를 들어 갑자기 차도에 두명이 뛰어들었을 때 핸들을 급하게 돌려서 인도에 서 있는 한 명을 희생시켜야 할까요? 아니면 그대로 직진해서 이 두 명을 희생시켜야 할까요?

미국 매사추세츠공과대학 미디어연구소의 에드먼드 아와드(Edmond Awad)가 이끄는 팀은 2016년 이 문제에 대한 대중의 견해를 알아보기로 했습니다. 그래서 인터넷에 윤리 기계(moral machine)라는 플랫

**표 3-4** 윤리 기계 실험 결과

출처: 네이처(2018)

Ⓐ 성인 한 명 대비 더 또는 덜 구해야 한다고 생각하는 응답자의 비율

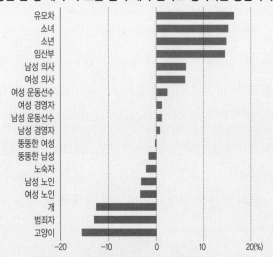

Ⓑ 100에 가까울수록 다수를 위한 소수 희생에 찬성,
　 -100에 가까울수록 거부(0은 전 세계 평균)

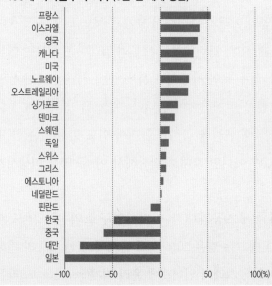

폼을 설치해서 방문자들로 하여금 무인 자동차가 직면하는 다양한 상황에 대해 어떻게 운행하는 것이 바람직한지를 물었습니다. 이 플랫폼은 크게 화제가 되어 200여 국가의 4,000만 명으로부터 답변을 받았습니다. 이들은 그 결과를 2018년 〈윤리 기계 실험〉이라는 논문으로 발표했습니다.[16]

[표 3-4 Ⓐ]를 보면 각 상황별로 사람들이 바람직하다고 생각하는 행동이 정리되어 있습니다. 무인 자동차가 운행할 때 누군가 한 명을 희생해야 한다면, 그리고 그 희생자를 선택해야 한다면 사람들은 성인보다는 아이들을, 남성보다는 여성을 더 구해야 한다고 답변했습니다. 그리고 당연히 개와 고양이보다는 사람을 구해야 하고요. 이것은 많은 분들이 공감하리라고 생각합니다. 불편한 현실이지만 노숙자와 범죄자의 생명을 상대적으로 경시하는 것은 예상할 수 있습니다. 하지만 뚱뚱한 사람에 대해서 차별하는 것은 저는 전혀 예상하지 못했습니다.

:: 어떤 사회인지에 따라 도덕적 판단도 다르다 ::

이와 관련해서 생각해야 할 것이 또 하나 있습니다. 이러한 도덕적 판단이 사회별로 매우 다를 수 있다는 것입니다. 트롤리 딜레마 상황으로 돌아가 봅시다. 무인 자동차는 직진을 해서 여러 명을 희생시키는 것과 핸들을 꺾어서 한 명을 희생시키는 것 사이의 선택에 직면했을 때 어떤 행동을 취해야 할까요? 그 결과는 국가별로 많이 달랐는데요. [표 3-4 ⓑ]에 결과를 표시해 두었습니다. 대체로 서구에서는 공리적인 판단이 강해서 다수를 구하고 소수를 희생하려는 성향이 강하였고, 동양권에서는 다수를 위해서 핸들을 꺾어 소수를 희생하는 것에 대한 저항이 강했습니다.

무인 자동차의 도래가 불가피한 상황에서 우리는 이 문제를 어떻게 풀어야 할까요? 여성과 아이들의 생명에 가중치를 주어야 할까요? 여론조사를 통해 다수의 견해에 따라야 할까요? 의회에서 정해야 할까요? 국가별로 다른 판단기준으로 설계해야 할까요? 하나같이 쉽지 않은 일입니다. 컴퓨터 공학자 외에 인문사회학자들의 적극적인 참여도 필요한 것 같습니다.

지금까지 살펴본 여러 논의는 흥미롭긴 하지만 중요한 단점을 갖고 있었습니다. 가상의 상황을 설정한 뒤 백신을 접종할 것인가, 레버를 돌릴 것인가, 사람을 육교에서 밀 것인가에 대해 역시 가상적으로 선택해서 답하는 형식이 과연 현실을 적절히 반영할 수 있는지 의문이 있었던 거죠. 최근 연구들은 한층 발전된 정보통신기술을 토대로 3D 가상현실을 동원해 레버를 실제로 당기거나 사람을 육교에서 미는 행동을 실감나게 실험 참가자에게 전달하고 있습니다. 이 경우에도 기존 연구의 결과와 크게 달라지지는 않았습니다.

또한 딜레마에 직면한 사람들마다 나타나는 행동이 다르므로, 그 차이를 규명하는 것도 중요한 일입니다. 컬럼비아대학의 심리학자 토리 히긴스(Tory Higgins) 교수는 조절초점이론(regulatory focus theory)을 통해 인간을 이상적 자아를 중시하는 성취 지향형과 당위적 자아를 중시하는 안정 지향형으로 구분했는데요.[17] 한국의 심리학자인 정은경, 김수정, 손용우 교수가 2014년 발표한 글에 의하면, 안정 지향성이 강할수록 부작위 편향을 보일 가능성이 높다고 합니다.[18]

참고로 히긴스 교수가 《중앙일보》와의 인터뷰[19]에서 이탈리아, 스페인, 미국은 인구의 65~70퍼센트가 성취 지향형인 반면, 동아시아 국가는 65퍼센트 정도가 안정 지향형이라고 말한 적이 있습니다. 이를 보면 공직 사회에 만연한 복지부동 역시 행동의 실패에 지나치게 가혹한 한국 사회의 강한 부작위 편향을 반영한 것이 아닐까요? 모두가 주저할 때 적극적으로 운전대를 잡으려고 나서는 공직자에게 '튀는 행동'이라고 이맛살을 찌푸릴 것이 아니라, 격려하고 그 과정에서 나온 실수에 대해서도 관용하는 분위기가 퍼졌으면 좋겠습니다. 기업뿐 아니라 정부에서도 무행동의 비용이 행동의 비용보다 훨씬 더 커 보입니다.

# 스트라이크냐, 볼이냐 그것이 문제로다

2017년 한국 프로야구는 2년 연속 총관객 800만 명을 넘겼고, 이 숫자는 프로 축구, 농구 및 배구 관객 수를 모두 합친 것보다도 많습니다. 가히 국민 스포츠라고 할 만하지요. 하지만 안타깝게도 국내 프로야구에선 판정 시비가 끊이지 않고 있습니다. 특히 주심의 스트라이크, 볼 판정을 두고 논란이 자주 벌어지는데요. 2018년 2월 국내 야구 전문가 100명을 대상으로 《스포츠조선》이 실시한 조사에서도 '스트라이크 존을 일관되게 유지하는 것'이 한국 프로야구의 가장 시급한 개선사항 1순위에 올랐습니다.[20]

야구는 모든 행동과 성과를 세밀하게 나누어 기록하는 것이 가능하므로 세부 데이터를 정리하고 분석하기에 매우 적합한 운동 종목입니다. 야구의 통계 정리는 무려 170년 전에 시작됐고, 1971년 미국야구연구협회 창립 이후부터는 '계량야구분석(Sabermetrics)'이 붐을 이루었습니다. 2000년대 초반 저예산에 시달리던 미국 프로야구 오클랜드 애슬레틱스 팀의 빌리 빈(Billy Bean) 단장은 계량야구분석에 기초한 구단 운영을 통해 연봉이 매우 낮은 선수들로 이뤄진 팀을 연속해서 플레이오프에 진출시킨 것은 물론, 아메리칸리그 최초로 20연승을 달성하는 등 맹활약했습니다. 이 이야기는 2003년 마이클 루이스(Michael Lewis)에 의해 《머니볼(Moneyball)》이라는 책으로 출판되어 베스트셀러가 되었고,[21] 2011년 브래드 피트 주연의 영화로도 만들어져, 일반인들에게도 계량야구분석의 위력을 널리 알린 바 있습니다.

:: 같은 피부색 투수의 공이 더 아름답게 보인다 ::

심판의 판정은 인간의 행동인지라 당연히 완벽할 수는 없습니다. 야구 분석가들은 심판의 오류가 우연히 발생하는 단순 실수인지, 아니면 어떤 체계적인 경향을 발견할 수 있는 성질의 것인지 큰 관심을 갖고 있습니다. 미국 노스캐롤라이나대학의 경제학자 크리스토퍼 파슨스(Christopher A. Parsons)가 이끄는 팀은 2004~2008년의 메이저리그 투구 350만 건 이상을 분석해 스트라이크 판정과 인종차별 사이의 관계를 연구해서 2011년 〈스리 스트라이크: 차별, 인센티브, 평가〉라는 논문으로 발표했습니다.[22]

분석 대상이 된 이 시기가 흥미로운 건 2001년 최초의 투구 추적 시스템인 퀘스텍(QuesTec)의 도입과 이것이 2008년에는 더 정교한 피치에프엑스(PITCHf/x) 시스템으로 대체됐기 때문입니다. 이때부터 정밀한 투구 데이터를 바탕으로 심판 판정의 정확도를 검증할 수 있게 된 것입니다. 연구팀은 피치에프엑스 데이터와 심판 및 투수의 인종 자료를 결합해 분석을 진행했고, 심판이 자신과 같은 인종의 투수에게 유리한 판정을 내리는 경향이 있음을 발견했습니다. 반면, 투수들은 자신과 다른 인종의 심판을 만났을 때 불리한 판정을 예상하고, 스트라이크 존 한가운데로 공을 던지려는 경향이 나타났다고 합니다. 당시 메이저리그 심판의 90퍼센트 정도가 백인이었으므로 흑인과 히스패닉, 아시아계 투수들은 상당히 불리했을 것이라 생각됩니다.

그런데 추적 시스템이 설치된 구장과 그렇지 않은 구장을 비교해 보니, 놀랍게도 시스템을 갖춘 구장에서는 인종차별적 판정이 거의 발견되지 않았습니다. 미국 플로리다대학의 스포츠경제학자 브라이언 밀스(Brian M. Mills) 교수가 2017년 발표한 〈모니터링과 평가의 기술 혁신: 메이저리그 심판에 미치는 영향〉에 의하면, 스트라이크를 볼로 오심하는 비율은 시스템을 갖추지 않은 2008년엔 21.3퍼센트였으나 2014년엔 13퍼센트로 축소됐고, 볼을 스트라이크로 오심하는 비율도 같은 기간 12퍼센트에서 10퍼센트로 낮아졌습니다.[23] 대부분의 야구인들은 심판의 판정에 대한 체계적인 모니터링과 평가로 인해 심판의 인종차별적 판정이 거의 사라진 것으로 여기고 있습니다.

인종차별 이외에도, 심판의 다양한 심리적 편향과 관련된 연구가 잇달아 진행됐습니다. 먼저 살펴볼 것이 '마태 효과(Matthew effect)'입니다. 사회학자들은 오래전부터 '사회적 지위가 높은 개인을 실제 능력보다 더 능력이 있다고 평가하는 편향'을 마태 효과라는 개념으로 파악해 왔는데요. 미국 컬럼비아대학의 김원용 교수와 노스웨스턴대학의 브레이든 킹(Brayden G. King) 교수가 이 주제에 도전해서 2014년 〈스타와의 대면: 메이저리그 판정에 있어서의 마태 효과와 지위 편향〉이라는 논문을 발표했습니다.[24]

## :: 올스타전 선수에게는 무언가가 있을 것이라는 착각 ::

두 사람은 올스타전에 선발된 투수는 명성이 높다는 사실에 착안해 올스타전 경험을 사회적 지위로 파악하는 접근방식을 택했습니다. 그리고 2008~2009년의 미국 메이저리그 피치에프엑스 데이터를 이용해 사회적 지위가 높은 투수에게 유리하도록 판정이 이루어졌는지 살펴봤습니다. [표 4-1 Ⓐ]는 투수가 실제 스트라이크를 던졌는데도 볼로 판정받는 피해를 본 비율입니다. 경계선 안쪽 10센티미터 이내의 꽉 찬 스트라이크의 경우, 올스타전에 참여한 적이 없는(사회적 지위가 낮은) 투수가 피해를 본 비율은 57.3퍼센트였지만 올스타전에 한번 참여한 경험이 있는(사회적 지위가 높은) 투수는 55.9퍼센트, 올스타전에 다섯 번 참여한 경험이 있는(사회적 지위가 매우 높은) 투수는 47.7퍼센트로 명성에 따라 피해 정도가 줄었습니다. 이러한 오심 비율은 당연히 투수가 던진 공이 스트라이크 존 한가운데로 들어올수록 낮아졌고, 덩달아 올스타전 참여 여부가 미치는 효과도 사라졌습니다. 이와 반대로 [표 4-1 Ⓑ]는 투수가 실제로는 볼을 던졌으나 스트라이크로 판정받

**표 4-1** 투수의 명성에 따른 오심 가능성

출처: 매니지먼트 사이언스(2014)

Ⓐ 스트라이크를 볼로 오심

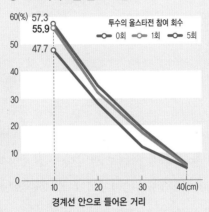

경계선 안으로 들어온 거리

Ⓑ 볼을 스트라이크로 오심

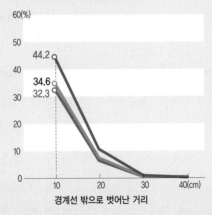

경계선 밖으로 벗어난 거리

은 특혜 비율을 나타냅니다. 이번엔 사회적 지위가 높을수록 혜택이 크지만, 마찬가지로 스트라이크 존을 크게 벗어난 경우엔 특혜가 거의 사라졌음을 알 수 있습니다.

## :: 스리 볼 상황에서 설마 또 볼을 던질까 ::

다음으로 언급할 것은 챕터 1에서도 소개한 '도박사의 오류' 편향입니다. 동전을 던지는 경우처럼 무작위로 반복되는 사건 결과를 예측할 때, 사람들은 앞서 나온 것과 다른 결과가 나오리라고 예측하는 오류를 범합니다. 프랑스 툴루즈경제대학의 다니엘 첸 교수 팀은 프로야구 심판도 이런 편향을 갖고 있는지 확인하기 위해 2008~2012년 미국 메이저리그 피치에프엑스 자료를 분석했습니다.[25] [표 1-5](23쪽)에서 보듯이, 심판은 직전 투구를 스트라이크로 판정했을 경우, 다음 공이 실제 스트라이크이더라도 스트라이크로 판정하는 빈도를 줄였습니다. 두 번 연속 스트라이크 판정을 한 뒤엔 스트라이크 판정을 더 줄였습니다. 물론 이 경우에도 경계선상에서 효과가 뚜렷했고, 한가운데 투구의 경우엔 효과가 미미했습니다.

마지막으로, 심판의 '영향 회피(impact aversion)' 편향도 생각해볼 만합니다. 많은 야구팬들은 투 스트라이크 상황에서는 심판이 스트라이크 판정을 가급적 내리지 않아야 하고, 반대로 스리 볼 상황에서는 볼 판정을 피해야 한다는 생각을 갖고 있습니다. 이는 심판이 최대한 정확하게 판정해야 한다는 원칙과 다소 어긋나는 것임에는 분명합니다. 하지만 심판의 판정으로 스트라이크 아웃이 되거나, 또는 볼넷으로 진루하는 것보다는 선수들의 직접 행동으로 경기 진행이 이뤄지기를 원하기 때문입니다. 펜실베이니아대학의 에탄 그린(Etan Green)과 스탠퍼드대학의 데이비드 대니얼스(David P. Daniels) 교수가 2014년 발표한 논문 〈스트라이크 판정에 영향을 미치는 요인은 무엇인가〉에 의하면, 경기의 관리자로서 심판의 역할은 소극적이어야 한다는 생각을 심판들도 공유하고 있었습니다.[26]

먼저 [표 4-2 Ⓐ]부터 보시죠. 스트라이크 존이 가로세로 방향의 붉은색 선으로 표시되어 있고, 투구가 스트라이크 존 내부 또는 외부의 각 지점을 통과할 때 스트라이크로 판정받는 비율을 셋째 축의 높이로 표시했습니다. 자세히 살펴보면 한가운데로 들어온 투구는 스트라이크 판정을 받을 확률이 1에 가깝고 한가운데서 멀어질수록 확률이 낮아져 스트라이크 존을 멀리 벗어나면 확률이 거의 0이 되는 것을 알 수 있습니다. [표 4-2 Ⓑ]는 스리 볼인 상황에서의 투구와 일반적인 상황에서의 투구가 각각 스트라이크로 판정받을 확률의 차이를 지점별로 표시한 것입니다. 스리 볼인 상황에서 스트라이크 판정이 날 확률이 높기 때문에 이 차이는 거의 모든 영역에서 양(+)의 값을 갖고, 특히 경계선 근방에서 이 차이가 크다는 사실을 알 수 있습니다. 심판이 아무리 영향 회피 성향이 있다고 하더라도, 스트라이크 존 한가운데 투구 혹은 완전히 벗어난 투구를 판정할 때는 영향을 덜 받는다는 뜻이죠. [표 4-2 Ⓒ]는 반대로 투 스트라이크 상황을 가정한 것입니다. 이 경우에는 스트라이크 판정을 받을 확률이 일반적인 경우보다 낮기 때문에

**표 4-2** 심판의 영향력 회피 성향

출처: MIT 스포츠분석 8차 학술대회(2014)

Ⓐ 일반적인 경우의 스트라이크 판정 확률

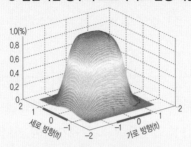

Ⓑ 스리 볼인 경우와 일반적인 경우의
스트라이크 판정 확률 차이

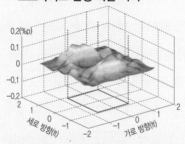

ⓒ 투 스트라이크인 경우와 일반적인 경우의
스트라이크 판정 확률 차이

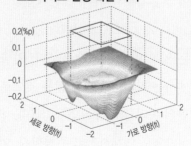

두 값의 차이가 대부분의 영역에서 음(-)의 값을 갖고, 이 음의 값 역시 경계 근방에서 더 뚜렷하게 나타나는 것을 볼 수 있습니다.

## :: 인간적인 오류를 어디까지 허용할 것인가 ::

우리는 지금까지 야구 심판이 스트라이크나 볼 판정을 내릴 때 상당한 오류를 저지르는 것을 확인할 수 있었습니다. 그리고 야구팬 중 일부는 이러한 오류를 근원적으로 없애기 위해선 스트라이크–볼 판정을 '인간' 심판에게 맡기지 말고 첨단 전자장비로 무장한 로봇에게 넘기자는 제안도 내놓고 있습니다. 여러분도 동의하시나요?

스포츠에서 공정함이란 매우 중요하므로 오심은 결코 가벼운 문제가 아닙니다. 특히 2017년 한국 프로야구의 고참 심판 한 명이 여러 구단으로부터 상습적으로 돈을 받은 사실이 드러나 야구계를 발칵 뒤집어놓기도 했습니다. 그나마 다행스럽게도 판정을 유리하게 만들려는 의도에서 구단이 뇌물을 제공한 것은 아닌 듯합니다. 만에 하나 스트라이크 판정이 뇌물 등에 의해 영향을 받는다면 결코 용서할 수 없을 뿐 아니라, 제2의 부흥기를 맞이한 국내 프로야구가 치명타를 맞을 게 분명합니다. 또 미국에서 일부 확인됐던 것처럼 인종 등 차별에 의해 판정이 흔들리는 일도 있어서는 안 됩니다. 차별은 미국에서도 매우 약화됐고 한국에서는 거의 나타나지 않는 것으로 생각됩니다. 그렇다면 남는 것은 심판의 여러 심리적 요인들입니다. 이 문제를 심각하게 받아들여서 로봇 심판으로 대체하자고 주장할지, 아니면 인간 활동의 불가피한 측면으로 이해하고 넘길지 판단은 여러분의 몫입니다.

오히려 제가 바라는 것은 상세한 정보를 측정하고 대중에게 공개하는 일입니다. 미국 사례에서 보듯이, 이러한 공개만으로도 심판 판정의 정확도가 뚜렷하게 높아집니다. 게다가 계량야구분석은 또 다른 흥미를 일으킬 수 있습니다. 미국 메이저리그는 2017년부터 피치에프엑스보다 정확도가 훨씬 높다고 알려진 트랙맨(Trackman) 시스템을 구축했고, 상세 정보를 인터넷에 공개하고 있습니다. 한국 역시 미국과 동일한 수준의 정밀 시스템을 각 구장에 설치하고 있는데요. 하지만 아쉽게도 이 데이터는 일반에 전혀 공개되지 않고 있습니다. 마침 현재 통계학에 조예가 깊은 경제학자 출신인 정운찬 총재가 한국야구위원회(KBO)를 이끌고 있죠. 모쪼록 한국에서도 '데이터와 함께하는 야구 시대'가 활짝 열리기를 희망해봅니다.

# CHAPTER

# 05

## 샤덴프로이데

# 네가 고통받을 때
# 나는 쌤통을 느낀다

2018년 월드컵은 한국 팀이 16강 진출에 실패한 아쉬움이 크지만, 그래도 세계 최강 독일 팀을 2 대 0으로 꺾은 짜릿함은 아직까지 생생하게 남아 있습니다. 저는 이 경기가 열리던 6월 27일 독일 베를린에서 여행 중이었습니다. 수만 명의 독일인이 남녀노소를 가리지 않고 얼굴에 독일 국기를 그리고, 독일 국가대표팀 유니폼을 입고 광장과 맥줏집에 모여서 열광적인 응원을 하고 있었습니다. 경기 후반 우리가 두 골을 연속해서 넣으면서 독일 팀 패배가 확정되던 순간 독일인들의 절망은 과장 없이 '하늘이 무너지는 듯한' 표정이었습니다.

그런데 제가 정작 놀란 것은 영국인들의 반응이었습니다. 경기 직후 영국 언론은 일제히 독일의 패배를 고소해하는 보도로 대서특필하였는데, 심지어 조 4위를 한 독일 팀 성적표에 가위 표시를 한 절단선을 그려놓고선 "오려두었다가 우울할 때면 꺼내서 즐기세요"라는 조롱까지 등장했습니다. 네덜란드에 사는 한국 친구에게 들어보니, 독일 팀 패배가 확정되고 네덜란드 친구들로부터 "한국 고마워", "한국 사랑해"라는 메시지가 쇄도했다고 합니다. 도대체 영국과 네덜란드 사람들은 왜 이러는 것일까요?

영국(잉글랜드)의 경우, 독일이 승리하면 준결승 이후 독일과 대결할 가능성이 있기는 했지만 그들의 희열이 이런 차분한 계산에 기인한 것 같지는 않았습니다. 게다가 네덜란드는 아예 지역예선에서 탈락해서 월드컵에 출전도 못했기 때문에 독일 팀의 패배는 네덜란드 팀 성적과는 아무런 연관이 없습니다.

일부 언론에서 심리학자들은 이를 '샤덴프로이데(Schadenfreude)' 현상이라고 지칭하였는데, '타인의 고통으로부터 느끼는 쾌락'을 뜻하는 독일어입니다. 일부에서는 '쌤통 심리'라고 번역하기도 하지만 우리말로 딱 떨어지는 번역어는 없습니다. 한편으로 질투와 비슷하다고 느낄 수도 있는데, 질투는 '타인의 행복으로부터 느끼는 불행감'이기 때문에 샤덴프로이데와 대칭적인 개념이라고 할 수 있습니다.

:: 스포츠에서 횡행하는 샤덴프로이데 ::

아이러니하게도 스포츠에서 나타나는 샤덴프로이데 분석 중 대표적인 사례도 독일 축구팀의 패배였습니다. 독일은 1998년 프랑스 월드컵 8강에서 당시 약체로 분류되던 크로아티아에 굴욕적인 3 대 0 패배를 당했습니다. 이때에도 네덜란드 사람들은 독일 팀의 패배에 환호했는데, 네덜란드의 독일에 대한 라이벌 의식은 오래전부터 유명했다고 합니다. 축구와 관련해서는 1974년 서독에서 개최된 월드컵 결승에서 서독에 2 대 1로 역전패를 당한 트라우마가 네덜란드인들에게 깊게 각인되어 있고, 그보다 더 파고들면 제2차 세계대전 당시 독일로부터 폭격과 점령을 당하고, 수십만 명의 네덜란드인이 희생되었던 역사가 근원에 있다고 합니다.

이에 미국과 네덜란드의 심리학자로 이루어진 연구팀이 이를 분석해서 2003년 〈사악한 기쁨: 다른 집단의 고통에서 느끼는 샤덴프로이데〉라는 논문으로 발표했습니다.[27] 이들은 암스테르담대학 심리학과 학생들을 대상으로 축구에 대한 관심, 독일에 대한 라이벌 의식, 독일의 패배로부터 느끼는 쾌락의 정도(1에서 7로 숫자가 높을수록 더 큰 쾌락을 나타냅니다) 등을 조사하였습니다. [표 5-1]에 그 결과가 요약되어 있는데, 우선 축구에 대한 관심이 높을수록 샤덴프로이데 심리가 더 크게 나타납니다. 또 이들은 학생을 두 그룹으로 나누어 한 그룹에는 영국과 브라질 등 다른 국가들이 월드컵에서 좋은 성적을 냈던 것을 요약한 기사를 보여주고 다른 그룹에는 보여주지 않았는데, 다른 국가들의 활약상을 접한 응답자들이 독일 팀 패배에 대해 더 큰 샤덴프로이데 심리를 보였습니다. 이것은 다른 국가들의 활약상이 네덜란드인의 상대적 열등감을 자극했기 때문입니다. 여러 연구에서도 열등감이 강할수록 대체로 샤덴프로이데 심리가 강화되는 것으로 나타납니다.

영국과 독일, 네덜란드와 독일, 브라질과 아르헨티나(2014년 브라질

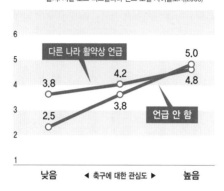

**표 5-1** 독일 팀 패배에 대한 네덜란드 사람들의
샤덴프로이데(1~7점) 강도

출처: 저널 오브 퍼스낼리티 앤드 소셜 사이콜로지(2003)

월드컵 준결승에서 브라질은 독일에 7 대 1로 치욕적인 패배를 당했지만, 며칠 뒤 결승에서 독일이 아르헨티나를 꺾자 브라질인들은 폭죽까지 쏘아 가면서 축제 분위기로 환호했습니다) 등 국제 축구경기에서 나타나는 샤덴프로이데는 모두 수십 혹은 수백 년에 걸친 역사에서 기인한 것입니다.

그런데 한 나라 안에서 역사가 짧은 스포츠에서도 샤덴프로이데가 나타날까 살펴본 학자들이 있습니다. 미국 노던켄터키대학의 조 콥스(Joe Cobbs)와 웨스턴캐롤라이나대학의 데이비드 타일러(David Tyler) 교수가 미국-캐나다의 축구리그인 메이저리그사커 팬들을 대상으로 조사해 2018년 〈신세계에서 라이벌 팀 의식의 형성〉이라는 논문을 발표했는데요.[28] 이들의 연구에 의하면 메이저리그사커에도 샤덴프로이데가 존재하는데, 흥미롭게도 라이벌 의식과는 다소 구분되는 특징을 갖고 있었습니다. [표 5-2]를 보시면, 라이벌 의식은 지리적으로 가깝

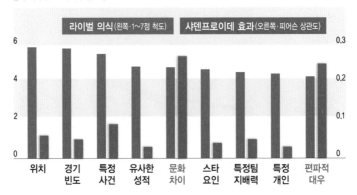

**표 5-2** 각 요인별 라이벌 의식 형성과 샤덴프로이데 효과

출처: 사커 앤드 소사이어티(2018)

라이벌 의식(왼쪽·1~7점 척도)　　샤덴프로이데 효과(오른쪽·피어슨 상관도)

| | 위치 | 경기 빈도 | 특정 사건 | 유사한 성적 | 문화 차이 | 스타 요인 | 특정팀 지배력 | 특정 개인 | 편파적 대우 |

거나, 경기 횟수가 많거나, 라이벌이 되는 특정한 이벤트가 있거나 등의 요인이 중요하게 작용하였지만 이것은 샤덴프로이데 심리와 상관도가 매우 낮았습니다. 오히려 샤덴프로이데는 문화적 차이 또는 차별감과 긴밀하게 연관되어 있었습니다. 문화적 차이는 예컨대 프랑스어를 쓰는 몬트리올 팀과 영어를 쓰는 토론토 팀의 팬들이 서로 간에 샤덴프로이데를 보이는 주요 이유입니다. 즉 상대가 자기들의 언어와 문화를 무시하고 있다고 여기는 것입니다. 차별감은 리그 사무국이 특정 팀에 선수 선발 등의 특혜를 주고 있다고 느낀 팬들이 해당 팀에 대한 높은 샤덴프로이데를 보이는 것 등을 지칭합니다. 샤덴프로이데는 스포츠 자체를 뛰어넘는 작동 원리를 갖고 있는 것입니다.

샤덴프로이데가 스포츠 팬들 사이에서 라이벌 팀의 패배에 대해 고소해하는 정도의 감정이라면 크게 문제될 것이 없다고 생각할 수 있습니다. 하지만 그렇게 단순한 문제로 치부할 수 없는 측면이 몇 가지 있습니다.

## :: 여성과 남성, 누가 더 샤덴프로이데를 선호하는가 ::

미국 켄터키대학의 심리학자 찰스 후글런드(Charles E. Hoogland)가 이끄는 연구팀은 켄터키대학 학생들을 대상으로 듀크대학 농구 팀에 대한 샤덴프로이데를 조사해서 2015년 〈고통의 기쁨과 기쁨의 고통〉이라는 논문으로 발표했습니다.[29] 켄터키대학과 듀크대학 농구 팀은 대학리그에서 전통의 라이벌인데, 특히 1992년 지역 결승에서 듀크대학이 연장전 종료 2초를 남기고 극적인 역전승을 한 것이 켄터키대학 농구팬들에게 큰 트라우마가 되었다고 합니다. 이들의 연구 대상은 듀크대학 농구선수의 부상과 회복 소식에 대한 켄터키대학 학생들의 반응이었습니다. 농구에 대한 관심이 큰 켄터키대학 학생들은 상대 팀 선수의 부상에 기뻐하였고, 빠른 회복에 대해서는 불만족스러워했습니다. 이것은 단순히 라이벌 팀의 패배 소식에 고소해하는 정도를 넘어 어느 정도는 사악하다고 볼 수 있지 않나요?

샤덴프로이데가 스포츠에만 국한되는 것도 아닙니다. 영국 리즈대학의 피터 하울리(Peter Howley)와 요크대학의 세라 나이트(Sarah Knight)는 실업 현상에서도 샤덴프로이데를 발견합니다.[30] 본인의 실업 여부와 주변의 실업자 증가는 각각 행복도에 어떤 영향을 미칠까요?

먼저 [표 5-3 Ⓐ]를 보면, 본인이 취업 상태(청색)에 있으면 실업 상태(적색)에 있을 때보다 더 행복도가 높습니다. 이것은 매우 자명한 일이겠죠. 그런데 흥미로운 것은 취업자는 주변의 실업자가 늘어날수록 행복도가 낮아지는데(이것은 마을 전체의 분위기를 어둡게 하기 때문입니다), 실업자는 오히려 실업률이 높아지면 행복도가 높아집니다. 전형적인 샤덴프로이데 현상입니다. 현재 실업 상태에 있는 사람의 열등감이 이런 모습으로 나타난 것입니다. 더 나아가서 실업자들 중 이웃과 적극적으로 교류하는 사람과 그러지 않은 사람을 나누어 살펴보았는데, [표 5-3 Ⓑ]를 보면 이웃과 교류하는 사람에게서는 샤덴프로이데가 나타나지만 교류가 없는 사람에게서는 그런 모습이 보이지 않았습니다. 이것은 교류가 실업 상태의 열등감을 자극하기 때문입니다.

끝으로 이웃과 적극적으로 교류하는 실업자들이 성별로 다른 모습을 보이는지 조사한 결과가 [표 5-3 ©]에 나타나 있습니다. 이것을 보면 흥미롭게도 남성은 샤덴프로이데를 보이지만 여성의 경우에는 실업 상태에서 이웃과 활발하게 교류하더라도 이웃의 실업자가 늘어나는 것이 행복도를 오히려 낮추었습니다. 우리는 흔히 질투나 샤덴프로이데 심리를 여성적인 것으로 치부하는 경향이 있는데, 이 연구는 그것이 얼마나 근거 없는 편견인지를 또렷이 보여주고 있습니다.

이제껏 살펴본 바대로 샤덴프로이데는 애교 수준으로 넘겨도 될 만한 것부터 꽤 심각한 사회적 문제와 관련된 것까지 스펙트럼이 넓습니다. 최근 뇌과학과 진화론적 분석에 의하면 질투와 샤덴프로이데는 우리 본성 중 일부일 수도 있다고 합니다. '질투는 나의 힘'이라는 표현

**표 5-3** 마을의 실업률과 행복도의 관계

출처: 하울리 · 나이트(2018)

Ⓐ 실업자와 취업자의 행복도

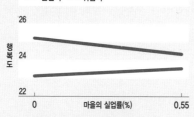

Ⓑ 이웃과 교류하는 실업자와
교류하지 않는 실업자의 행복도

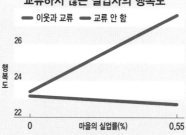

Ⓒ 이웃과 교류하는 남성 실업자와
여성 실업자의 행복도

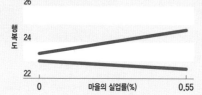

에서 드러나듯이, 질투와 샤덴프로이데는 우리에게 일정한 자극을 주는 긍정적인 효과가 있는 것도 사실입니다. 하지만 모든 문제가 그렇듯 샤덴프로이데도 지나치면 그 심각함이 걷잡을 수 없는 지경까지 갈 수도 있습니다. 역사학자와 심리학자들은 나치가 행한 유대인 학살의 근원에 샤덴프로이데 심리가 있다고까지 생각하고 있습니다. 샤덴프로이데가 적절한 선에서 제어되도록 의식적인 노력이 필요할 것 같습니다.

## CHAPTER 06

월드컵 효과

# 월드컵 기간에는
# 주식에 투자하지 마라

지난 2002년 한국과 일본이 공동 개최한 월드컵에서 우리는 4강 신화를 이루었지만, 한편에선 일곱 명이나 되는 관객이 심장마비로 사망하였다고 합니다. 실제로 '월드컵 관람 중 갑자기 심장마비를 일으켜 병원에 실려 간' 이야기는 월드컵 때마다 반복되고 있습니다. 정말로 월드컵은 축구팬들의 사망률을 높이는 것일까요?

:: 심장을 부여잡고 월드컵을 보는 사람들 ::

축구 관람과 심장질환의 관련성에 대한 최초의 연구는 1996년 잉글랜드에서 개최된 유럽축구선수권대회 8강전에서 네덜란드가 프랑스를 상대로 전·후반 0 대 0으로 팽팽한 접전을 이어가다 승부차기에서

5 대 4로 패배한 경기를 대상으로 이루어졌습니다. 네덜란드 위트레흐트대학병원 연구진이 경기 당일 네덜란드의 45세 이상 남성 중 심근경색 및 뇌졸중으로 사망한 사람의 수가 경기 전 5일 또는 경기 후 5일에 비해 뚜렷이 높다고 보고하면서 학계의 관심을 촉발했습니다. 단, 여성은 남성과 달리 유의미한 차이가 발견되지는 않았다고 합니다.[31]

이후 여러 연구가 이어졌는데, 영국 버밍엄대학의 심리학자 더글러스 캐럴(Douglas Carrol) 교수 팀은 1998년 프랑스 월드컵 16강전에서 잉글랜드가 아르헨티나에 승부차기로 패배한 경기를 대상으로 연구를 수행하여 2002년 〈심근경색과 월드컵〉이라는 논문을 발표했습니다.[32] 이 연구에 의하면 경기에 패배한 날과 그 이틀 후까지 총 3일간 잉글랜드 지역에서 급성 심근경색으로 병원에 실려 온 환자가 25퍼센트 늘었다고 합니다. 성별로는 남성이 27퍼센트, 여성이 16퍼센트 높아진 것으로 나타나 남녀 모두 발병률이 높아졌지만 남성이 그 효과가 더 컸습니다.


:: 2006년 월드컵, 독일인들을 고문하다 ::


이후 독일 뮌헨대학병원의 우테 빌베르트람펜(Ute Wilbert–Lampen) 교수 팀은 2006년 독일 월드컵을 대상으로 기존 연구보다 훨씬 더 포괄적이고 상세한 분석을 수행하여 2008년 〈심혈관 질환과 월드컵〉이라는 논문을 발표했습니다.[33] 이들은 월드컵 기간 동안 뮌헨 지역에서 발생한 심장 관련 응급 환자를 분석하였는데, 독일 팀 경기가 있던 날은 월드컵이 없던 해에 비해 무려 2.66배나 심장 질환자가 늘었습니다. 이번에도 남성은 3.26배, 여성은 1.82배로 남성에게 그 피해가 더 분명했습니다.

2006년 월드컵은 6월 9일부터 7월 9일까지 독일에서 한 달 동안 개최되었습니다. [표 6-1]은 5월 1일부터 7월 31일까지 석 달 동안의 심장마비 발생 건수를 대규모 축구 대회(월드컵과 유럽축구선수권대회)가 없었던 2003년 및 2005년과 비교하여 표시한 것으로, ①~⑦번은 독일 팀 경기가 있던 날입니다. 월드컵 기간 이전과 이후는, 심장마비 발생이 세 해 모두 특별히 다르지 않았지만 월드컵 기간 중에는 독일 팀 경기가 있는 날에 특별히 심장마비 발생률이 높았던 것을 볼 수 있습니다.

표를 좀 더 자세히 살펴볼까요? ①번은 독일의 첫 경기가 있던 날입니다. 코스타리카를 상대로 4 대 2로 승리를 거둔 날인데 심장마비 발생이 갑자기 높아졌습니다. ②번은 폴란드와의 조별예선 2차전으로 종료 직전 결승골을 터트리며 매우 아슬아슬하게 승리한 경기여서 그런지 심장마비 발생은 1차전보다 더 늘었습니다. ③번은 이미 16강전 진출이 확정된 상태에서 에콰도르를 상대로 3 대 0으로 낙승한 경기로 긴장감이 훨씬 덜했고, 심장마비 발생률도 약간 높은 정도였습니다.

이제부터는 매 경기가 지면 바로 탈락하는 토너먼트입니다. ④번은 16강전에서 스웨덴을 상대로 2 대 0으로 이긴 경기이고 다시 심장마비 발생률이 꽤 높아졌습니다. ⑤번은 가장 긴장감이 높았던 경기로 아르헨티나를 상대로 1 대 1로 비긴 상태에서 승부차기를 통해 4 대 2로 승리한 날입니다. 심장마비 발생률이 가장 높았습니다. ⑥번은 독

**표 6-1** 독일 월드컵이 열린 2006년과 열리지 않은 해의 독일 내 심혈관 질환 발생 비교

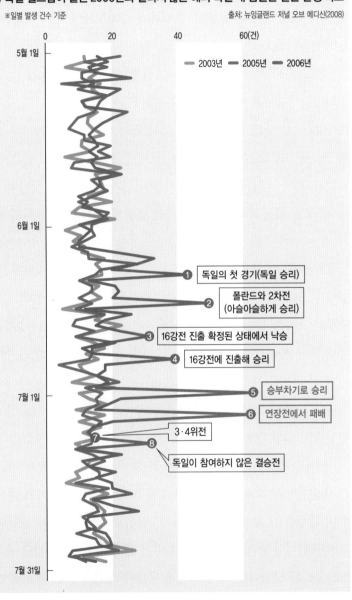

※일별 발생 건수 기준

출처: 뉴잉글랜드 저널 오브 메디신(2008)

2003년　2005년　2006년

① 독일의 첫 경기(독일 승리)
② 폴란드와 2차전 (아슬아슬하게 승리)
③ 16강전 진출 확정된 상태에서 낙승
④ 16강전에 진출해 승리
⑤ 승부차기로 승리
⑥ 연장전에서 패배
⑦ 3·4위전
⑧ 독일이 참여하지 않은 결승전

일이 연장전에서 이탈리아에게 0 대 2로 패배한 날로 역시 심장마비 발생률이 매우 높았습니다. ⑦번은 포르투갈과의 경기인데, 모든 3·4위전이 그렇듯이 긴장감이 거의 없는 상태에서 진행되었고 심장마비 발생은 예년과 아무런 차이가 없었습니다. 오히려 다음 날 이루어진 결승전(⑧번)에서, 독일이 참여하지도 않은 경기였지만 독일인의 심장마비 발생률이 꽤 높았습니다.

이로써 월드컵 기간 동안 심장마비는 긴장감이 큰 경기에서 특별히 빈번하게 발생하고, 대체로 여성보다 남성이 훨씬 더 취약하며, 경기에서 질 경우뿐 아니라 심지어 이길 때도 발생률이 높아진다는 것을 알 수 있습니다(일부 다른 연구에서는 자기 나라 팀이 월드컵 경기에서 승리할 경우에는 심장마비 발생이 줄어든다는 보고도 있습니다).

## :: 축구에서 지면 투자자들은 주식을 판다 ::

이번에는 월드컵과 금융의 관계를 살펴보겠습니다. 2000년대 들어 인간의 심리 상태가 주식시장의 움직임에 중요한 영향을 미친다는 행동경제학이 각광을 받기 시작했습니다. 월드컵은 국제 스포츠 경기 중에서도 특별히 인기 있는 행사이고, 앞서 본 것처럼 심장마비 발생률을 높일 정도로 열광적인 반응을 일으킨다는 점에서 월드컵 경기의 승패가 주식시장에 어떤 영향을 미치는지도 연구되기 시작했습니다.

먼저 영국 이스트앵글리아대학의 존 애슈턴(John Ashton) 교수 팀이 2003년 〈국가대표 스포츠 팀이 경제에 미치는 효과〉라는 논문을 발표했습니다.[34] 이들은 1984년부터 2002년까지 월드컵과 유럽축구선수권 대회의 영국(잉글랜드) 축구팀 승패가 영국 FTSE 100 지수를 올리는 효과가 있다고 주장하였습니다(FTSE 100 지수는 런던증권거래소에 상장된 주식 중 시가총액 상위 100개 종목으로 구성된 영국의 대표적인 주가지수입니다).

　일부 논란은 있었지만 대체로 월드컵과 주식시장 사이에 관련이 있다는 주장이 힘을 얻고 있습니다. 그중 대표적인 것은 1973년부터 2004년까지의 월드컵과 대륙별 챔피언십 대회(유럽축구선수권대회, 코파아메리카, 아시안컵)에서 이루어진 1,100여 건의 경기 승패가 39개국 주식시장에 미치는 영향을 분석한 미국 펜실베이니아대학의 앨릭스 에드먼스(Alex Edmans) 교수 팀의 연구입니다. 이들이 발표한 〈스포츠 정서와 주가 수익〉이라는 논문에 따르면,[35] 주요 국제 경기에서 축구 국가대표팀이 패배하게 되면, 다른 변수를 통제했을 때 다음 날 해당국 주가는 0.5퍼센트 정도 하락한다고 합니다. 축구에서 진 국가의 투자자들이 기분이 나빠져서 향후 시장을 비관적으로 보기 때문입니다. 에드먼스 교수는 2018년 러시아 월드컵에서 만약 영국이 탈락하면 이 효과는 120억 파운드(약 17조 원)에 이를 것이라는 주장도 폈습니다. 앞의 심장질환 연구에서 본 것처럼 패배가 곧 탈락을 의미하는 16강 이후의 토너먼트 경기에서 주식시장 하락 효과가 컸고, 축구의 인기가 특히 높은 영국, 독일, 프랑스, 스페인에서 주식시장 반응이 더 두드러졌습니다.

　그런데 특이한 것은 이 효과가 비대칭적이어서, 월드컵에서 패배한 국가의 주식시장에는 부정적인 영향을 미쳤지만 승리한 국가의 주식시장에는 특별한 영향을 발견할 수 없었습니다. 이것은 투자전략에 어떤 지침을 줄까요? 우선 월드컵에서 패배한 국가의 주식시장에서 주식을 매도하는 것은 별 의미가 없습니다. 매도하는 시점에 이미 주가는 하락해 있을 테니까요. 가능한 대안은 선물 등을 활용하여 경기를 하는 두 나라의 주식 모두에 대해 하락 시 수익을 내도록 투자하는 것입니다. 이렇게 하면 패배한 국가의 주가는 하락하여 이익을 내고, 승리한 국가의 주가는 영향을 받지 않기 때문에 종합적으로 이익을 낼 수 있습니다. 하지만 이것은 여러 국가의 주식을 동시 거래해야 하고, 거래 수수료가 많이 발생하기 때문에 현실적이지 않습니다.

:: 월드컵 시즌, 미국 주식시장에서 수익을 얻는 전략 ::

이와 관련하여 이스라엘 바르일란대학의 가이 카플란스키(Guy Kaplanski)와 히브리대학의 하임 레비(Haim Ley) 교수는 2010년 〈예측 가능한 비합리성의 활용: 월드컵이 미국 주식시장에 미치는 효과〉라는 논문으로 독창적인 기여를 하였습니다. [36] 이들은 미국 증권시장에 전 세계의 투자자들이 투자한다는 것을 고려하면, 월드컵 경기에서 패배한 국가의 투자자들은 비관적이 되지만 승리한 국가의 투자자들이 특별히 낙관적이 되는 것은 아니기 때문에, 미국 증권시장은 월드컵 기간 중 개별 국가의 승패와 무관하게 전체적으로 약세장이 될 것이라 주장했습니다.

[표 6-2]를 보시면 1950년부터 2006년까지 총 15차례 개최된 월드컵 기간 동안 미국 주식시장의 수익률이 표시되어 있습니다. 대부분

의 월드컵 대회 기간 동안 주식가격이 하락하여 평균적으로 2.58퍼센트 떨어졌는데, 이것은 월드컵 대회가 없었던 전 시기에 걸쳐 월드컵과 같은 기간 동안 주가가 1.21퍼센트 상승한 것에 비하면 상당한 차이입니다. [표 6-3]을 보시면 1950년에 뉴욕증권거래소 종합주가지수에 1달러를 투자한 뒤 2007년까지 보유하고 있었다면 4,386달러가 되었겠지만, 만약 매 월드컵 대회가 있을 때마다 그 전날에 주식을 매각하여 미국 국채로 옮겨 타고, 월드컵이 끝난 직후 다시 주식을 재매입하는 방식으로 운용하였다면 6,948달러가 되었을 것이라고 합니다. 물론 후자의 방식은 15차례의 주식 매각과 재매입을 하면서 거래비용이 발생하겠지만 이것을 고려해도 월드컵을 우회하는 투자전략이 여전히 수익률이 높았습니다.

월드컵 대회 기간 중에 일부 팬들이 심장마비를 일으키거나, 주식시장에 약세를 초래하는 효과가 있다고 하더라도, 월드컵 대회를 폐지할 수도 없는 것이고 팬들에게 월드컵을 피하라고 권할 수도 없는 일입니다. 하지만 이 부작용은 일부 열혈 팬들에게는 꽤 심각한 후유증을 남길 수도 있습니다. 그러니 혈압이 높다거나 심혈관 질환을 앓은 경험이 있으신 분들은 응원하실 때 좀 더 조심하시고, 투자하실 때 감정적이 되시는 분들은 좀 더 차분한 마음으로 투자할 수 있도록 신경 쓸 필요가 있을 것 같습니다.

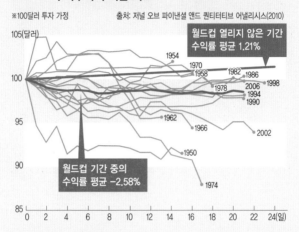

**표 6-2** 월드컵이 열리는 기간과 열리지 않은 기간의
주식투자 수익률 비교

※100달러 투자 가정　　　출처: 저널 오브 파이낸셜 앤드 퀀티터티브 어낼리시스(2010)

> 월드컵 열리지 않은 기간
> 수익률 평균 1.21%

> 월드컵 기간 중의
> 수익률 평균 -2.58%

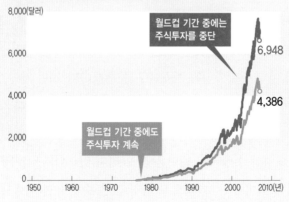

**표 6-3** 월드컵 기간 중 주식투자를 하지 않았을 경우와
계속 투자했을 경우의 투자 효과 비교

※1950년부터 1달러를 뉴욕증시에 투자했다고 가정
출처: 저널 오브 파이낸셜 앤드 퀀티터티브 어낼리시스(2010)

> 월드컵 기간 중에는
> 주식투자를 중단
6,948

> 월드컵 기간 중에도
> 주식투자 계속
4,386

# CHAPTER 07

**노벨상의 통계학**

# 초콜릿 좋아하는 당신
# 노벨상을 노려라

해마다 10월 초가 되면 노벨상 발표가 있고 그때마다 언론과 국민들은 한국 수상자가 없다는 것에 탄식을 합니다. 약간 겸연쩍은 얘기이긴 하지만, 요 몇 년간 일본인 수상자가 지속적으로 나오는 것을 보면서 질투가 생기는 것도 사실입니다. 아시다시피 노벨상은 국력과 연구의 전통 등이 종합된 것이라 단기간에 목표를 세운다고 수상할 수 있는 것이 아니기에 열심히 기초연구를 수행하다 보면 자연스럽게 노벨상을 수상할 수 있다는 주장도 타당합니다. 하지만 어디 사람의 감정이 그렇게 이성적으로만 작동하겠습니까?

사실 노벨상 수상자의 패턴은 잘 알려져 있습니다. 국가별로 보자면 2018년까지 미국이 377명으로 가장 많은 수상자를 배출했으며, 배출 순위 10등 안에 들어가는 국가는 대부분 북미와 유럽의 선진국들입니다. 10등 안에 들어가는 국가 중에서 이 지역을 벗어난 유일한 사례가 일본으로 28명입니다. 수상자의 소속 기관도 미국 하버드대학이 36명으로 1등이고, 영국 케임브리지대학을 제외하면 10등 안에 든 기관은 모두 미국의 엘리트 대학입니다(물리학, 화학, 생리학, 경제학상 한정). 수상 시점의 나이를 살펴보면 2014년 파키스탄 여자아이들의 교육받을 권리를 위해 탈레반과 맞서 싸워온 말랄라 유사프자이(Malala Yousafzai)가 17세로 가장 어렸습니다. 과학자들 중 가장 어린 나이의 수상자는 1915년 25세의 나이로 엑스선 분석의 공로를 인정받아 노벨 물리학상을 수상한 영국의 윌리엄 브래그(William L.Bragg)입니다. 하지만 이것은 굉장히 예외적인 경우입니다. 전체 수상자 나이의 중간값은 60세로 노벨상은 충분한 업적을 쌓은 후에 주어지는 것을 알 수 있습니다. 가장 나이가 많은 수상자는 물리학상에서 나왔는데요. 2018년 공동 수상자인 아서 애슈킨(Arthur Ashkin)이 당시 96세였습니다. 덧붙여 남성과 여성의 차이도 매우 큽니다. 총 52명의 여성이 노벨상을 받아 전체 수상자 908명의 5퍼센트에 불과한 상황입니다. 여기까지 보면 노벨상 수상자의 전형은 하버드대학에 근무하는 60세 남성 미국인임을 알 수 있습니다.

:: 초콜릿을 먹는 첫째 아이가 노벨상을 거머쥔다? ::

노벨상이 워낙에 유명하고 오래된 상이다 보니, 이외에도 다양한 때로는 엉뚱한 연구도 많이 있습니다. 첫 번째는 '출생 순서 효과(birth order effect)'입니다. 대중 심리학에서는 오래전부터 '첫째는 보수적이다,

표 7-1 형제자매 간 태어난 순서와 천재성          (단위: 수상 비율 %)

※노란색 선은 출생 순서와 상관없을 경우의 수상 비율을 나타냄

Ⓐ 노벨 물리학상 수상자

출처: 레스롱 블로그(2018)

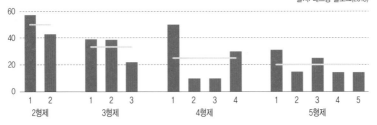

Ⓑ 역사상 가장 위대한 150명 수학자

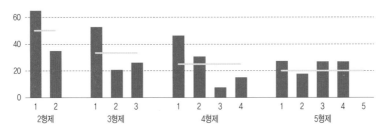

막내는 창의적이다, 몇 째는 동성애자가 될 가능성이 높다'는 식의 다양한 주장이 있습니다. 한 사이트에서 노벨 물리학상 수상자들을 대상으로 이와 관련된 조사를 했고, 2018년 '노벨 물리학상에서 발견되는 출생 순서 효과'라는 글을 발표했습니다.[37]

　[표 7-1]을 봅시다. 형제자매의 수가 2~5명인 경우를 살펴보니, 모든 수상자들에서 첫째의 비율이 뚜렷해 전체적으로 약 10퍼센트 포인트 높았습니다. 또한 이 사이트는 세계 역사상 가장 위대하다고 평가받는 수학자 150명을 대상으로도 조사했는데, 이것 역시 노벨상 수상자와

마찬가지로 첫째의 비율이 높았습니다. 이 경우는 그 격차가 17퍼센트 포인트에 달했습니다.

그런데 심리학자들의 조사에 의하면 출생 순서에 따라 지능이나 성품이 차이 나는 경우는 거의 발견되지 않는다고 합니다. 그래서 노벨상 수상자와 위대한 수학자들에게서 나타나는 출생 순서 효과를 반박하기 위해 자료의 한계(자서전 같은 자료에서 형제의 수와 출생 순서를 유추하다 보니 정확도가 떨어진다거나), 우연(수많은 성공 사례를 살펴보면 우연히 첫째가 높은 비율을 띠는 경우도 있다거나) 또는 형제간의 투자 불비례(첫째에게 가족의 자원이 상대적으로 많이 투여되었기 때문이라거나) 등이 제시될 수 있을 것 같습니다. 어쨌든 학자들의 진지한 논의에서는 출생 순서에 따라 타고난 지능이 다르다는 것을 믿는 경우는 거의 없는 것 같습니다.

노벨상 수상자를 점치기 위해서 출생 순서를 따지는 것보다 더 충격적인 연구가 몇 년 전에 있었습니다. 컬럼비아대학 내과의사인 프란츠 메설리(Franz H. Messerli)는 2012년 〈초콜릿 소비, 인지 능력 및 노벨상〉이라는 논문에서 초콜릿의 플라보놀(flavonol) 성분이 인지능력 개선에 효과가 있기 때문에 초콜릿 소비량이 높은 나라에서 노벨상을 많이 받게 된다고 발표했습니다.[38] [표 7–2]를 보시면 가로축에 국민 1인당 연간 초콜릿 소비량이 표시되어 있고, 세로축에는 국민 1,000만 명당 노벨상 수상자 수가 표시되어 있습니다. 이것을 보시면 매우 분명하게 초콜릿 소비량과 노벨상 수상자 수 사이에 상관관계가 있다는 것을 알 수 있습니다.

하지만 영양학자와 인지학자들은 이 논문이 주장하고 있는 논거가 매우 부실하기 때문에, 이 두 변수 사이에는 상관관계는 있지만 인

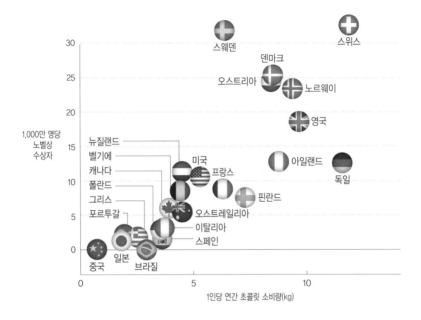

**표 7-2** 국가별 노벨상 수상자와 초콜릿 소비    출처: 뉴잉글랜드 저널 오브 메디신(2012)

과관계는 없다고 일축하고 있습니다. 그래서 이 차트는 상관관계와 인과관계를 혼동한 대표적인 사례로 활용되고 있습니다. 그래도 이 연구가 흥미 있었는지, 샌디에이고 캘리포니아대학의 비어트리스 골럼(Beatrice A. Golomb) 교수 팀이 과학과 경제학 분야의 노벨상 수상자 남성 23명을 대상으로 2013년에 초콜릿 소비량에 대한 설문조사를 실시하여 그 결과를 〈노벨상 수상자의 초콜릿 섭취〉라는 글로 발표했습니다.[39] 노벨상 수상자들 중 일주일에 두 번 이상 초콜릿을 먹는다는 응답자는 총 10명으로 43퍼센트에 달했는데요. 이것은 비슷한 연령대의 교육받은 남성 평균치인 25퍼센트에 비해서 뚜렷이 높았습니다. 당연히 이 발표 역시 진지하게 받아들여지는 것은 아닙니다. 당시 설문에 참석했던 수상자들은 "노벨위원회는 시상식에서 금박 포장한 메달 모양의 초콜릿을 나눠준다. 이것으로 보아 노벨위원회도 초콜릿의 중요성을 인식하고 있음이 분명하다"거나, "내 아내는 초콜릿 중독인데 아직 노벨위원회에서 전화가 안 왔어"라는 반응을 남기기도 했습니다.

## :: 노벨상을 타면 헝그리 정신이 사라진다? ::

이번에는 조금 진지한 연구를 살펴보겠습니다. 노벨상 상금은 900만 스웨덴크로나, 대략 우리 돈 11억 원이 넘는데(공동 수상의 경우 수상자들은 이것을 나눠 갖습니다) 실제 가치는 이것보다 훨씬 더 클 것입니다. 강연료가 껑충 뛰고 저서의 판매량도 급등합니다. 예를 들어 노벨 문학상 발표가 나면 수상자의 작품은 한국의 번역서 시장에서도 베스트셀러가 됩니다.

그래서 사람들은 혹시 노벨상을 받으면 돈을 너무 많이 벌게 되어서 연구를 등한시하지 않을까 생각하게 되었습니다. 그런데 앞서 말씀드린 대로 노벨상 수상자 대부분이 나이가 많아 연구의 절정기를 지나거나 심지어 사실상 은퇴한 상태에서 상을 받기 때문에 수상 이후의 연구활동에 대해 분석하기 어려운 사정이 있습니다. 그래서 하버드대학의 조지 보하스(George J. Borjas)와 노터데임대학의 커크 도런(Kirk B. Doran) 교수는 수학계의 노벨상이라고 불리는 필즈상 수상자를 대상으로 연구를 수행하여 2015년 〈수상과 생산성: 필즈상 수상은 연구

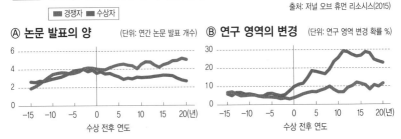

**표 7-3** 필즈상 수상이 연구에 미치는 효과

출처: 저널 오브 휴먼 리소시스(2015)

■ 경쟁자 ■ 수상자

Ⓐ **논문 발표의 양**　(단위: 연간 논문 발표 개수)

Ⓑ **연구 영역의 변경**　(단위: 연구 영역 변경 확률 %)

활동에 어떤 영향을 미치는가〉라는 논문을 발표했습니다.[40] 필즈상은 노벨상과는 달리 40세 이하의 가장 뛰어난 수학자에게 수여됩니다. 그렇기에 수상자들이 상을 받은 이후에도 상당 기간 현역 수학자로 왕성한 활동을 하기에 분석이 용이합니다.

이들은 필즈상 수상자의 비교 대상으로 필즈상 다음으로 저명한 수학 분야의 여섯 개 상(아벨상, 울프상, 베블런상 등)을 40세 이하에서 수상하였으나 필즈상 수상에는 실패한 수학자들로 구성하고 이를 각각 '수상자'와 '경쟁자'로 명명하였습니다. [표 7-3 Ⓐ]를 보시면 수상자와 경쟁자들이 각각 수상 전후로 매년 논문을 얼마나 발표하였는지 표시되어 있습니다. 수상 전에는 경쟁자와 수상자 모두 출판된 논문의 수가 증가한 반면, 수상 이후에는 경쟁자와 수상자들의 행보가 갈려서, 경쟁자들의 논문은 늘어났지만 필즈상 수상자들의 논문은 지속적으로 줄어들었습니다.

이것은 우리 예상대로 위대한 상을 받으면 '헝그리 정신(?)'이 사라져서 연구를 등한시하기 때문일까요? 보하스와 도런은 다른 이유가 있다고 주장합니다. [표 7-3 ⑧]는 수학자들이 자신이 주로 하는 연구 영역에서 완전히 새로운 영역으로 변경하는 비율을 표시하고 있습니다. 이를 보면 경쟁자들은 수상 전후로 연구 영역의 변경 비율이 일관되게 낮게 유지되고 있지만, 필즈상 수상자들은 상을 받은 이후에는 과감하게 새로운 영역으로 넘어서는 경향이 있음을 알 수 있습니다.

이와 관련된 에피소드가 있습니다. 벨 연구소의 수학자였던 리처드 해밍(Richard Hamming)은 1956년 노벨 물리학상 수상자가 발표되던 순간 수상자였던 동료 물리학자 월터 브래튼(Walter Brattain)과 함께 있었는데 그때를 다음과 같이 회고했습니다. "브래튼은 울먹거리면서 '나는 노벨상 효과가 무엇인지 알아. 나는 거기에 빠지지 않을 거야. 늘 그렇듯 예전의 그 좋은 월터 브래튼으로 남을 거야'라고 말했지. 나는 이 말이 훌륭하다고 느꼈지만, 몇 주도 되지 않아서 월터가 노벨상 효과에 빠졌다는 것을 알게 되었어. 그 친구 거대한 문제만 파고 있더라고."[41]

저는 이것이 꼭 부정적이라고 생각하지 않습니다. 가장 훌륭한 상을 받음으로써 천재적 업적을 인정받았고, 학계에서의 위치도 견고해진 과학자라면 아무나 도전하지 못하는 주제에 과감하게 뛰어드는 것도 필요하지 않을까요?

이상으로 노벨상과 관련된 몇 가지 알려지지 않은 연구들을 살펴보았습니다. 설마 독자 여러분께서 자녀를 훌륭한 과학자로 키우겠다며 첫째 아이에게 투자를 집중한다든가 초콜릿을 잔뜩 사준다든가 하지는 않을 것이라 믿습니다.

# 2부

## 로또 열성팬 사람들이 줄을 서는 이유

## 동전을 던질 때 특집은 변이 나올 확률은?

## 로또 열성팬 사람들이 줄을 서는 이유

## 동전을 던질 때 특집은 변이 나올 확률은?

# 쓰레기통을 뒤지는 데이터 전문가

## 하찮은 것들이 세상을 바꾼다

# 담뱃세를 얼마나 올려야
# 국민이 건강해질까

2015년 1월 1일 담뱃세가 대폭 인상되면서 담배가격이 한 갑당 2,500원에서 4,500원으로 80퍼센트나 올랐습니다. 2004년 담뱃세가 인상된 이후 10년 만의 인상인데다, 역사상 가장 큰 폭으로 오른 것이라 수많은 논란이 지금까지 계속되고 있습니다. 박근혜 정부는 국민의 건강을 지키기 위한 것이라고 주장했고, 당시 야당이었던 민주당은 '꼼수 증세'이자 '서민 증세'라고 공격하면서 반발했습니다. 흥미롭게도 2005년 노무현 정부에서 담뱃세 인상을 추진했을 때, 당시 야당이던 한나라당의 박근혜 대표는 "소주와 담배는 서민이 애용하는 것 아닌가, 국민들이 절망하고 있다"며 담뱃값 인상을 반대한 적이 있습니다. 여야의 처지에 따라 입장이 달라진 것이죠.

또 2017년 대선에서 담뱃세는 주요 후보들의 공격 대상이 되기도 했습니다. 더불어민주당 문재인 후보는 2017년《대한민국이 묻는다》에서 "담뱃값을 이렇게 한꺼번에 인상한 건 서민경제로 보면 있을 수 없는 굉장한 횡포로 (중략) 담뱃값은 물론이거니와 서민들에게 부담을 주는 간접세는 내리고 직접세를 적절하게 올려야 합니다"라고 주장한 바 있습니다. 그 이후 공약집에서는 이 대목이 빠졌지만 대체로 문재인 후보가 담뱃세 인하에 원칙적인 찬성 입장을 밝힌 것으로 받아들여졌습니다. 자유한국당 홍준표 후보는 훨씬 더 강한 입장으로 "서민들이 애용하는 담배 가격을 올리는 것은 금연정책이라기보다 서민 호주머니 털기가 아닌가 생각된다"며 담뱃세 인하 공약을 발표했습니다.

담배나 술과 같이 바람직하지 않거나 유해한 소비재에 부과되는 세금을 통상 '죄악세(sin tax)'라고 부르는데요. 저는 이 표현이 다소 과하다고 생각하고 '교정과세'나 '소비억제세' 정도로 표현하는 것이 적절하다고 생각하지만 취지는 마찬가지입니다. 유해 물품의 소비를 줄이자는 것이지요.


:: 담뱃세는 확실히 흡연율을 떨어뜨린다 ::


담뱃세 인상의 긍정적 효과는 분명합니다. 담배가 건강에 해롭다는 것은 담배 제조회사도 인정할 정도로 논란의 여지가 없습니다. 국제사회에서 흡연을 줄이려는 엄청난 노력이 이루어지고 있는데, 가장 기본적인 틀은 세계보건기구(WHO)의 '담배규제 기본협약'입니다. 2005년 5월 발효돼 세계 대부분의 나라가 참여한 국제조약으로 한

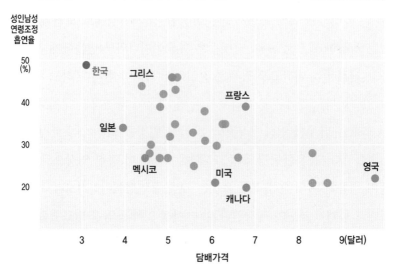

**표 8-1** OECD 국가의 담배가격과 흡연율

출처: 토바코 컨트롤(2012)

성인남성
연령조정
흡연율

국 역시 2005년 6월 비준했습니다. 심지어 북한조차도 비준한 조약이
죠. 이 협약은 담배가격 및 조세정책이 담배 소비를 줄이는 가장 중요
한 수단이라는 것을 강조하고 각국 정부는 담배 소비를 줄이기 위해
세금을 부과해야 한다고 규정하고 있습니다. 심지어 여행객에게 면세
담배를 파는 것조차 제한하거나 철폐해야 한다고 제안할 정도입니다.

이런 맥락에서 국내 정치권의 논쟁과는 별개로 국제 보건학계에
서는 한국의 담뱃세 인상에 주목해, 담배 관련 의학 학술지에서 사설
로 다루기까지 했습니다.[1] 사설은 [표 8-1]에서 보듯 한국이 OECD 국
가 중 담배가격이 매우 낮고 동시에 흡연율이 매우 높다는 것을 특별
히 강조하면서 한국의 담뱃세 인상이 시의적절하다고 평가했습니다.

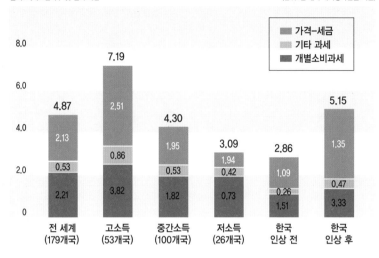

**표 8-2** 전 세계 국가들의 담배가격과 세금

출처: 세계보건기구 및 필자 계산

(단위: 달러, 구매력평가환율 기준)

가격-세금
기타 과세
개별소비과세

사실 한국의 담배가격은 OECD뿐 아니라 전 세계적으로도 낮은 편이었습니다. WHO 통계에 따라 나라별로 가장 많이 팔린 담배 가격을 국제적으로 비교한 결과를 [표 8-2]에 정리했습니다. 이를 보면 한국은 2015년 담배가격이 대폭 올랐음에도 선진국 평균에 비해 크게 낮고 세계 평균과 비슷한 수준입니다. 만약 담배가격이 인상되지 않았다면, 한국의 담배가격은 국제적으로 저소득 국가의 평균 가격과 유사했을 것입니다.

이제 담배가격과 흡연율 사이의 관계를 살펴볼까요. 국내 담배 판매량은 2014년 44억 갑에서 담뱃값이 인상된 2015년 33억 갑으로 뚝 떨어졌습니다. 이후 2016년과 2017년에 각각 37억 갑, 35억 갑이 팔려

**표 8-3** 프랑스·남아프리카공화국 담배가격 변화에 따른 소비량 추이

출처: 뉴잉글랜드 저널 오브 메디신(2014)

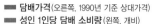

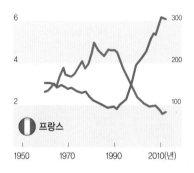

서 소비 하락 효과가 일정 정도 지속되고 있습니다. 흡연율도 하락 효
과가 발생했습니다. 2014~2016년 성인 남성 흡연율은 24.2퍼센트에
서 22.6퍼센트로 하락한 후 23.9퍼센트로 일부 반전했습니다. 청소년
기 남학생의 경우, 이 기간에 9.2퍼센트에서 6.3퍼센트로 하락 효과가
뚜렷했습니다. 더 분명한 효과를 파악하기 위해서는 보다 많은 데이터
축적과 연구 심화가 필요할 것 같습니다.

　국제적으로 보면 담배가격 상승이 흡연율 및 소비량을 낮춘다는
연구가 압도적입니다. 대표적으로 프랑스와 남아프리카공화국의 사례
를 보겠습니다. 캐나다 토론토대학의 프라밧 자(Prabhat Jha)와 영국 옥스
퍼드대학의 리처드 피토(Richard Peto) 교수에 의하면, 미국과 영국이 성
인 1인당 담배 소비량을 절반으로 줄이는 데 30년이 넘게 걸렸지만, 프
랑스와 남아프리카공화국은 1990~2005년 사이의 15년 동안 매년 담

뱃세율을 5퍼센트 이상 올려서 실질 담배가격이 이 기간에 무려 세 배로 올랐고, 담배 소비량은 절반으로 떨어졌다고 합니다([표 8-3] 참고).[2]

## :: 가난한 이들의 기호품마저 빼앗는다? ::

담뱃세 인상에 대한 우려도 살펴볼까요. 2015년 당시 담뱃세 인상에 부정적이었던 분들의 주장 중 하나는 이 인상의 목적이 국민 건강 증진이 아니라 정부 세수 증대에 있다는 것이었습니다. 이 논란은 세수 증대에 대한 예상이 기관별로 들쭉날쭉해서 발생하기도 했지만, 정부 쪽 보고서에 정부가 금연 효과에 초점을 둔 것이 아니라 세수를 최대한 끌어올리기 위해서 담뱃세를 올렸다고 의심할 만한 대목이 있었기 때문입니다.

얼핏 생각하면 담뱃세율이 높을수록 계속 추가 세수가 커질 것 같지만, 세율이 매우 높아져서 판매량 하락 효과가 지나치게 커지면 오히려 추가 세수가 줄어들 수도 있습니다. 한국조세재정연구원이 2014년 기획재정부 용역으로 작성한 〈담배 과세의 효과와 재정〉에 따르면, [표 8-4]와 같이 담배가격이 (정부가 올린다는 가격인) 4,500원이 될 때까지는 세수가 지속적으로 상승하다가, 그 가격을 넘어서면 판매량 감소 효과가 커서 오히려 세수가 줄어든다는 시뮬레이션 결과가 포함되어 있었습니다.[3] 이것은 들끓는 논란에 기름을 부은 격이었습니다.

정부가 국민 건강 증진이 아니라 세수 극대화를 목표로 했다면 괘씸한 일이지만, 세수 자체가 늘어나는 것을 꼭 부정적으로만 볼 필요

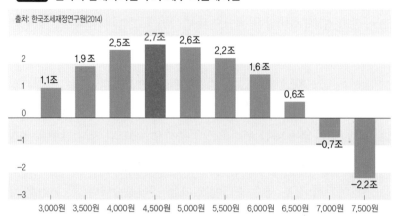

**표 8-4** 한국의 담배가격별 추가 세수 시뮬레이션

출처: 한국조세재정연구원(2014)

는 없을 것 같습니다. 앞서 말씀드린 프랑스와 남아프리카공화국의 경우 담뱃세 인상으로 세수가 두 배 이상 늘어났는데, 이것 역시 긍정적인 효과로 받아들여지고 있습니다. 늘어난 담뱃세를 건강보험 지원이나 금연 교육 확대 등 필요한 곳에 사용한다면 이중적으로 바람직하지 않겠습니까? 이것은 조세의 영역이라기보다는 재정지출의 영역이고 사회적으로 더 많은 논의가 필요한 분야입니다.

담뱃세 인상에 대해 사람들이 더 심각하게 우려했던 것은 형평성 문제였습니다. 소득별로 네 그룹으로 나눈 뒤 2015년 한국의 흡연율을 보면 최상위 그룹 18.5퍼센트, 두 번째 그룹 21.6퍼센트, 세 번째 그룹 22.2퍼센트, 최하위 그룹 23.8퍼센트였습니다. 이렇듯 저소득층으로 갈수록 흡연율이 높기 때문에 담뱃세 인상의 부담을 저소득층이 더 많이 지게 된다는 주장은 무겁게 받아들일 수밖에 없습니다. 글머

리에 말씀드린 대로 여러 정치인들이 경고했던 것이 바로 이것입니다.

이에 대해 한국조세재정연구원의 최성은 박사가 2017년 〈2015년 한국 담뱃세 인상이 저소득층에 미친 효과〉라는 흥미로운 논문을 발표했습니다.[4] 그에 의하면 일반적으로 담배가격 인상에 따른 흡연율 저하 효과는 소득이 낮을수록 크다고 합니다. 실제 한국에서도 2015년 담배가격 인상 후 최하위 계층 흡연율은 전년 대비 12퍼센트 하락하였지만, 최상위 계층은 고작 3퍼센트 떨어졌다고 합니다. 추가적인 조세부담은 오히려 고소득층이 더 많이 부담했을 수도 있다는 것입니다.

사실 흡연은 긴 노동시간과 낮은 소득에 지친 서민들이 스트레스를 풀 수 있는 몇 안 되는 수단 중 하나인 측면이 있습니다. 여기에 주목하면 담뱃세가 인상되어 저소득층의 담배 소비가 줄어드는 것을 '서민들이 애용하는' 기호품이 박탈되는 것으로 볼 수 있습니다. 하지만 또 그만큼 저소득층의 건강이 개선되는 긍정적인 측면도 있지 않을까요? 담뱃세 인상의 여러 효과들에 대한 종합적 판단은 결국 독자이자 유권자인 여러분의 몫입니다.

# 간디가 독립보다
# 화장실을 달라고 외친 이유

"도성 안에 있는 우물을 보거드면 모두 대소변의 거름물로 화한 것이라 그 물을 정한 유리항에 담아 놓고 조흔 현미경으로 그 물을 비추어 볼 것 같으면 물 가운데 반드시 무수한 버러지가 있을 터이니 그런 물을 먹고서야 인민들이 어찌 병 없기를 바라리요."

이 글은 《독립신문》의 1899년 7월 19일자 기사입니다. 이외에도 조선 후기 지식인들의 글과 한국을 찾은 외국인들의 기행문을 보면 서울이 똥 천지였다는 것을 개탄하는 대목을 쉽게 찾을 수 있습니다. 1910년대까지도 '길바닥에 똥을 누지 말라'는 것이 우리나라 언론 사설에 빈번히 등장했다고 합니다. 몇 년 전 서울대학교 의과대학의 신동훈 교수 팀은 서울 시내의 조선시대 지층에서 기생충 알을 대량으로 발견하여, 당시 도성에 인분이 넘쳐났다는 것을 실증한 바도 있습니다. 물론 지금 한국에서는 상상할 수도 없는 일이지만 한편에서는 유럽의 선진국들도 과거 발전과정에서 겪었던 일이기에 특별히 부끄러워할 필요는 없다고 생각합니다.

## :: 오늘날 9억 명의 사람들이 길거리에서 변을 눈다 ::

하지만 알고 계신가요? 지금도 세계에는 수많은 사람들이 화장실이 아닌 길가와 들판에서 대변을 누고 있고, 이는 인류에게 심각한 보건 문제를 야기하고 있습니다. 이에 대해 학자들이 추적한 흥미로운 (그러나 약간은 지저분해보일 수도 있는) 연구를 같이 살펴보려고 합니다.

유엔은 1990년에 지속적 발전을 위한 16대 과제를 설정하고 이를 위해 노력하고 있는데, 그중 하나가 '위생적인 식수를 모두에게 공급하는 것'입니다. 세계보건기구와 유엔아동기금이 공동으로 모니터링하고 있는데, 지금 이 순간에도 대략 9억 명에 이르는 사람들이 야외에서 배변을 하고 있고, 18억 명이 대변으로 오염된 물을 식수로 사용하고 있으며, 이로 인해 매일 1,000명의 어린이들이 설사병으로 죽어가고 있다고 합니다. 100여 년 전 우리 언론이 개탄한 것처럼, 사람들이 길바닥에 똥을 싸서 식수가 거름처럼 되는데 병이 없을 수 있겠습니까?

[표 9-1]은 국가별로 야외 배변을 하는 인구의 비율을 표시한 것입니다. 여기에서 야외 배변이란 수세식 화장실이나 재래식 간이변소

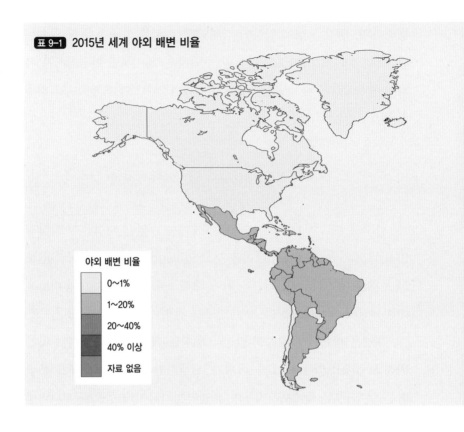

**표 9-1** 2015년 세계 야외 배변 비율

야외 배변 비율

| | |
|---|---|
| | 0~1% |
| | 1~20% |
| | 20~40% |
| | 40% 이상 |
| | 자료 없음 |

가 아닌 말 그대로 길가, 들판, 하천에서 변을 보는 것입니다. 대개는 경제발전을 통해 화장실을 포함한 위생 설비가 확충되고 위생 관념이 확산되기 때문에 야외 배변 인구가 줄어듭니다. 그런데 야외 배변 인구 비중이 40퍼센트나 되는 인도에 대한 국제사회의 우려가 높습니다. 야외 배변 인구 비중이 높은 아프리카 국가들에 비해서 인도는 경제적으로 훨씬 더 발전한 국가이기 때문입니다. 아시아의 개발도상국인 베트남(3.9퍼센트), 중국(1.5퍼센트)이나 경제사정이 더 좋지 않은 방글라데

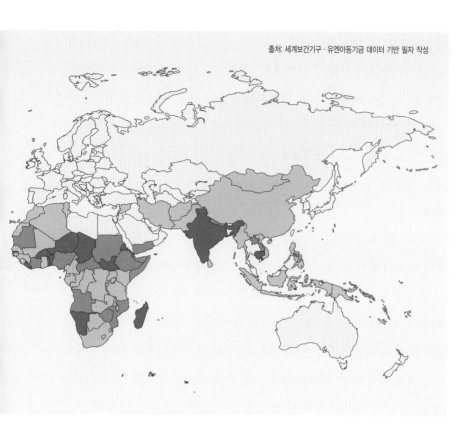

출처: 세계보건기구 · 유엔아동기금 데이터 기반 필자 작성

시(0.1퍼센트), 파키스탄(12퍼센트) 등과 비교하면 인도가 얼마나 야외 배변 비율이 높은지 알 수 있습니다.

:: 무슬림보다 힌두인의 아기가 일찍 죽는 이유 ::

인도에는 영아 사망률의 역설이 있습니다. 영아 사망률은 경제 수준, 부모의 건강 수준, 교육 수준, 의료서비스 접근 수준 등이 높아지면 낮아지는 경향이 있는데요. 그런데 인도의 주류라고 할 수 있는 힌두인들의 영아 사망률이 사회적 약자인 무슬림에 비해서 뚜렷이 높은 경향을 보이기 때문입니다. 1992~2005년의 보건 서베이 데이터에 의하면 영아 사망률은 힌두인 7.4퍼센트, 무슬림 6.3퍼센트였습니다(통상 영아 사망률은 1,000명의 아이가 출생 후 만 1세가 되기까지 사망하는 비율인데, 여기에서는 독자의 편의를 위해 100명당 사망하는 비율, 즉 퍼센트로 환산한 값을 사용하겠습니다).

미국 텍사스대학의 경제학자 마이클 지루소(Michael Geruso)와 인도 통계청의 통계학자 딘 스피어스(Dean Spears)가 2018년에 발표한 〈이웃의 위생과 영아 사망〉이라는 논문에서 시작하겠습니다.[5] 먼저 [표 9-2 Ⓐ]를 보시죠. 약 30만 명의 조사 대상 가구를 재산 보유액 순서대로 배열할 경우 재산이 많을수록 영아 사망률은 낮아지지만 같은 재산인 경우 무슬림의 영아 사망률이 힌두인의 영아 사망률보다 낮았습니다. [표 9-2 Ⓑ]는 산모의 키와 영아 사망률 사이의 관계입니다. 산모의 키는 산모의 건강 상태에 대한 중요한 지표인데, 키가 클수록 영아 사망률은 낮아집니다. 하지만 여기에서도 산모의 키가 같은 경우, 언제나 무슬림보다 힌두인의 영아 사망률이 높았습니다.

이들은 가족뿐 아니라 주변 환경도 중요하다는 것에 착안하여 이웃의 특성을 살펴보았는데, [표 9-2 Ⓒ]에서 보듯 특이하게도 마을에 무슬림의 비율이 높을수록 (즉 힌두인의 비율이 낮을수록) 영아 사망률은 낮아졌습니다. 도대체 왜 힌두인에 비해 더 가난하고 교육 수준도 낮고 의료 혜택도 덜 받는 무슬림이 많이 사는 마을이 더 위생적인 것일

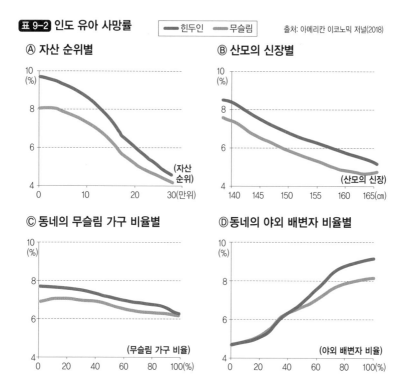

표 9-2 인도 유아 사망률 　━━ 힌두인 　━━ 무슬림 　　출처: 아메리칸 이코노믹 저널(2018)

Ⓐ 자산 순위별

Ⓑ 산모의 신장별

Ⓒ 동네의 무슬림 가구 비율별

Ⓓ 동네의 야외 배변자 비율별

까요?

　놀랍게도 그 차이는 [표 9-2 Ⓓ]에서 나타난 야외 배변율에서 기인한 것이었습니다. 인도가 이례적으로 야외 배변율이 높은 나라라는 것은 앞에서 말씀드렸는데요. 인도 내에서도 힌두인의 야외 배변율은 66퍼센트로 무슬림의 44퍼센트에 비해 상대적으로 크게 높았습니다(이 통계는 1992~2005년의 조사로 구한 것입니다. 그래서 [표 9-1]에서 2015년 인도의 야외 배변율인 평균 40퍼센트보다 높게 나온 것은 시점 차이 때문입니다). 결국 이들의 연구를 요약하면, 인도에서 힌두인들은 무슬림들에 비해 야외 배변율이 더 높기 때문에 힌두인 비중이 높은 마을의 위생이 더 나쁜데, 힌두인은 상대적으로 힌두인 비율이 높은 마을에 모여 살기 때문에 위생 상태가 나쁜 마을에 살 가능성이 큰 것이고, 이것이 힌두인들의 높은 영아 사망률로 이어진 것입니다.

힌두인들의 높은 야외 배변 비율은 그들의 오래된 경전의 가르침 때문이라고 합니다. 집에서 대변을 누는 것은 영적으로 부도덕하다고 간주하여 금기시하는데, 이것은 사실 고대 사회에서는 적절한 가르침이었습니다. 세균이 득실거리는 대변을 집에서 멀리 떨어진 곳에서 누는 것은 당시에는 더 위생적이었을 것입니다. 하지만 도시가 발달하고 인구가 늘어난 상황에서는 모두가 저마다 자신의 집에서 멀리 떨어진 곳이라고 해봤자, 서로 남의 집 근처에 대변을 누는 것에 불과한 일입니다. 이 경우에는 집 안이나 마당에 화장실을 두고 그곳에서 처리하는 것이 전체의 입장에서는 훨씬 더 좋은 일이죠. 이것을 경제학에서는 나의 행동이 시장을 거치지 않고 타인에게 영향을 미치는 효과로 보면서 '외부성(externality)'이라 명명합니다.

:: 화장실이 없으면 당신이랑 결혼 안 해! ::

종교적 차이 말고 성별로는 어떤 차이가 있을까요. 대부분 예상하신 대로 야외 배변 비율은 남성이 뚜렷이 높습니다. 여성이 야외 배변에서 발생할 수 있는 사생활 노출이나 안전 문제에 훨씬 민감하기 때

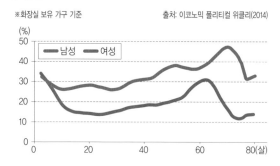

**표 9-3** 연령 및 성별 야외 배변율

※화장실 보유 가구 기준 　　　　　　　　　출처: 이코노믹 폴리티컬 위클리(2014)

문입니다. [표 9-3]은 미국 텍사스대학의 인구학자 다이앤 코피(Diane Coffey) 교수 팀이 2014년 발표한 〈야외 배변에 대한 선호〉라는 논문에서 인용한 것입니다.[6] 인도 농촌 지역의 화장실이 있는 집에 사는 남성과 여성의 연령별 야외 배변 비율을 정리한 것을 보면, 모든 연령대에서 여성의 야외 배변율이 낮습니다. 특히 사생활 노출과 성폭행의 위협에 민감한 젊은 여성들의 경우 매우 낮았습니다. 남녀 공히 야외 배변 비율이 고령자 집단에서 높은 것은 위생에 대한 정보를 덜 접한 탓도 있고 종교적 가르침에 더 강한 영향을 받기 때문입니다. 그리고 초고령 집단에서 야외 배변 비율이 낮은 것은 기동이 불편해져서 집 밖에 나가기가 어렵기 때문이라고 보입니다.

　　인도의 심각한 야외 배변 문제를 해결하기 위한 많은 노력이 있었습니다. 간디는 독립 이전에 "독립보다 화장실이 더 중요하다"고 말할 정도였고, 지금도 국제사회는 경제적 지원을 통해 화장실을 보급하려고 노력하고 있습니다. 그런데 흥미롭게도 남녀 간의 차이를 활용해서

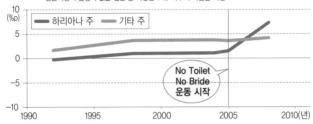

**표 9-4** 화장실 소유 격차 추이 　出처: 저널 오브 디벨로프먼트 이코노믹스(2017)

※결혼적령기 남성이 있는 집단 중 화장실 보유 가구의 비율에서
결혼적령기 남성이 없는 집단 중 화장실 보유 가구의 비율을 차감

야외 배변을 줄이려는 시도가 있었습니다. 2005년 인도 북부의 하리
아나 주 정부는 "화장실 없는 집에 시집가지 않겠어(No Toilet No Bride)"
라는 캠페인을 벌였습니다. 이 구호를 젊은 여성의 목소리로 녹음해서
대대적으로 방송했는데, 과연 효과는 어땠을까요?

　　미국 샌프란시스코대학의 경제학자 야니프 스토프니츠키(Yaniv
Stopnitzky) 교수가 하리아나 주와 다른 주들을 비교 연구하여, 2017년
에 발표한 〈화장실 없는 집에 시집가지 않겠어〉라는 논문 결과는 매
우 흥미로운데요.[7] 우선 하리아나 주의 경우 다른 주에 비해 화장실
보유 가구 비율이 캠페인 직후 크게 늘었습니다. 또 하리아나 주 내에
서도 여성이 남성에 비해 많이 부족한 지역에서 이 효과가 특히 두드
러졌습니다. 또 [표 9-4]에서 보듯 결혼 적령기 남성이 있는 집에서 집
중적으로 화장실 설치가 이루어졌습니다. 그러니까 이 캠페인은 결혼
시장을 통해서 총각들과 그 부모들에게 실질적인 압박을 가했던 것입
니다.

인도의 나렌드라 모디 총리는 2014년부터 사상 최대 규모의 화장실 건립 캠페인을 추진 중입니다. 총 예산이 우리 돈으로 20조 원 이상이고 5년간 무려 1억 개 이상의 변소를 설립하려는 '클린 인디아(Clean India)' 운동을 펼치고 있습니다. 그 성과가 나타나면 아마 인도의 노상 배변 문제도 상당히 해결될 것 같습니다. 독자 여러분도 우리 문제가 아니라고 외면하지 마시고, 세계 각지의 인류가 직면한 심각한 과제에 관심을 가져주시기 바랍니다.

CHAPTER

# 10

교육과 계층 상승

# 실력은 어느 정도로
# 성공을 결정하는가

미국 문학의 걸작 중 하나인 스콧 피츠제럴드(F. Scott Fitzgerald)의 《위대한 개츠비》는 다음과 같은 문장으로 시작합니다.

"누군가를 비판하고 싶을 때는 이 점을 기억해두는 게 좋을 거다. 세상의 모든 사람이 다 너처럼 유리한 입장에 서 있지는 않다는 것을."

소설 속 화자인 부잣집 아들 닉 캐러웨이가 어렸을 때 아버지가 들려준 충고입니다. 부잣집 아들의 '유리한 입장'은 달리 말하면 가난한 집 청년의 '불리한 처지'일 텐데, 그 유리함과 불리함은 어느 정도나 될까요? 그리고 각 사회마다, 각 시기마다 얼마나 다를까요? 몇 년 전부터 우리 사회에서 불평등과 관련한 논의가 활발합니다. 사람들은 대

**104**  나는 감이 아니라 데이터로 말한다

개 소득과 재산의 격차가 너무 크면 좋지 않다고 생각하지만, '너무 큰 정도'가 어느 수준인지에 대해서는 합의가 쉽지 않아 논쟁이 잦아들지 않고 있습니다. 사람들의 머릿속엔 불평등에 대한 문제의식과 더불어 '열심히 노력한 사람이 더 잘사는 게 왜 문제인가'라는 생각도 있기 때문입니다.

그런데 사람들은 결과의 격차보다는 출발점과 과정의 불평등에 대해서 훨씬 더 심각하게 생각하는 듯합니다. 여성으로 태어났다는 이유만으로 혹은 가난한 집에서 자랐다는 이유만으로 또는 소수 인종이라는 이유만으로 성공이 봉쇄된 사회를 정당화할 사람은 많지 않을 것입니다. 노력과는 무관하게 형성된 환경과 관련한 불평등을 기회의 불평등이라고 부릅니다. 고려대 이우진 교수는 2016년 〈환경의 불평등과 개인 성취의 불평등〉이라는 글을 통해 한국의 불평등을 야기하는 요인 중 노력이 아닌 기회 요인이 절반 이상인 것으로 추정한 바 있습니다.[8] 특히 부잣집 아이와 가난한 집 아이 사이에 존재하는 소득과 재산의 대물림 격차는 많은 사람이 걱정하고 있습니다. 언론과 인터넷 상에선 '흙수저와 금수저'로 표현되는 수저계급론이 유행하고 '더 이상 개천에서 용이 나지 않는다'는 우려가 넘쳐납니다.

:: 위대한 개츠비 곡선이 보여주는 불평등 지수 ::

미국 대통령은 매년 초 그해의 경제정책 방향을 '대통령 경제 보고서'라는 제목으로 정리해 의회에 보고하는데, 2012년 버락 오바마 대

 **위대한 개츠비 곡선**

출처: 저널 오브 이코노믹 퍼스펙티브(2013)

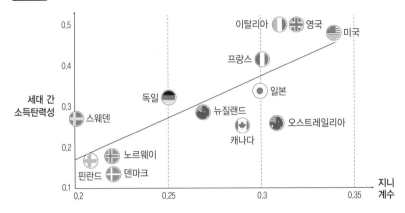

통령의 보고서에는 특이한 차트가 실렸습니다.[9] 오타와대학의 경제학자 마일스 코라크(Milese Corak) 교수의 '위대한 개츠비 곡선'을 인용한 것인데요. 오바마 대통령이 이후에도 이와 관련된 연설까지 하면서 애착을 보인 탓에 큰 화제가 됐습니다. [표 10-1]은 이후 코라크 교수가 숫자를 업데이트해 2013년에 〈경제적 불평등, 기회의 평등 그리고 사회적 이동 가능성〉이라는 논문에서 발표한 것입니다.[10]

가로축은 지니계수로 표현한 현시점의 경제적 불평등 정도를 나타냅니다. 오른쪽으로 갈수록 불평등한 사회입니다. 세로축은 세대 간 소득탄력성이라는 지표인데, 부모가 잘살수록 자녀 역시 잘사는 정도를 표현한 것으로 위쪽으로 갈수록 부와 소득이 세습되는 경향이 강한 사회입니다. 오른쪽 윗부분에 위치한 미국, 영국, 이탈리아는 불평등도 심하면서 부의 세습도 강한 나라이고, 왼쪽 아래에 있는 북유럽

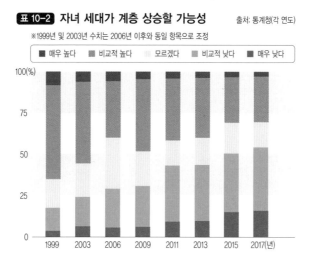

**표 10-2 자녀 세대가 계층 상승할 가능성**　출처: 통계청(각 연도)

※1999년 및 2003년 수치는 2006년 이후와 동일 항목으로 조정

■ 매우 높다　■ 비교적 높다　□ 모르겠다　■ 비교적 낮다　■ 매우 낮다

국가들(스웨덴, 덴마크, 핀란드, 노르웨이 등)은 반대로 불평등 정도도 작고 세습도 약한 나라입니다. 오바마는 이 차트를 통해 미국이 불평등할 뿐 아니라 미래세대의 희망도 작다고 경고한 것입니다.

　한국은 어떨까요? 한국 학자들의 여러 추계에 의하면, 한국의 세대 간 소득탄력성은 대체로 부의 세습이 매우 강한 영미권 국가와는 뚜렷이 다르고, 세습이 약한 북유럽 국가들과 오히려 유사한 수준이라고 합니다. 그렇다면 우리 사회는 부의 대물림 문제가 없는 것일까요? 우리 국민들은 그렇게 생각하지 않는 것 같습니다. 통계청은 1999년부터 2017년까지 총 여덟 차례 사회조사를 수행했는데, '자녀 세대에 계층이 높아질 가능성'을 묻는 항목이 포함되어 있습니다. 이 결과를 요약한 [표 10-2]를 보면, 자녀 세대가 계층 상승할 가능성을 낙관('매우 높다'와 '비교적 높다')하는 비율이 1999년 65퍼센트에서 2017년 31퍼

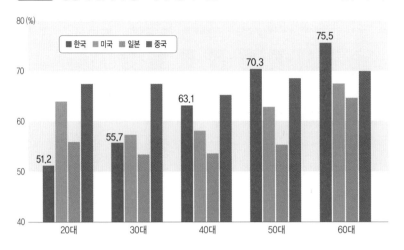

표 10-3  '성공에 실력이 중요하다' 동의 비율

출처: KDI(2014)

센트로 낮아졌고, 비관하는 비율은 같은 기간 18퍼센트에서 54퍼센트
로 치솟았습니다.

국제 비교가 가능한 다른 자료도 있습니다. 광주과학기술원 김희
삼 교수가 2014년 발표한 〈세대 간 계층 이동성과 교육의 역할〉이라는
보고서를 보면,[11] '성공에 가장 중요한 요소는 열심히 일하는 것이다'
에 대해 한국, 미국, 일본 및 중국 국민들의 인식 차이를 확인할 수 있
습니다. [표 10-3]을 보면 미국, 일본, 중국의 경우, 성공에 노력이 중
요하다는 믿음을 갖는 비율이 전체 세대에 걸쳐 균일한 데 반해, 한국
의 경우 고령층은 4개국 중에서 가장 믿음이 강했고(60대의 76퍼센트), 청
년층은 4개국 중 가장 낮았습니다(20대의 51퍼센트). 이런 차이를 어떻게
해석해야 할까요? 우리 국민들이, 특히 우리 청년들이 터무니없이 비

관적이라고 봐야 할까요? 제가 대화한 관련 학자 대부분이 우리 사회가 역사적으로 부의 세습이 낮은 사회에서 높은 사회로 옮겨가고 있다고 생각하고 있었고, 국내 여러 연구에서 계층 이동성이 낮아지고 세습이 강화되는 경향이 발견된다고 합니다.

:: 교육, 평등한 사회의 적이 되다 ::

교육 수준이 소득에 중대한 영향을 미치므로, 학자들은 계층 간 이동성을 결정하는 요인으로 교육에 특별히 주목합니다. 우리 역사를 돌이켜보면, 한때 소수만 누릴 수 있던 교육 기회가 초등학교에서부터 고등학교와 대학까지 지속적으로 보편화되면서 점차 많은 사람이 좋은 일자리와 소득 증대의 열매를 누릴 수 있었습니다. 이것이 이른바 한강의 기적이라고 일컬어지는 고도산업화 시기의 경험입니다. 이때는 말 그대로 교육이 '중요한 평등기제(great equalizer)'로 작동했던 것이죠. 그런데 사상 최고로 교육 수준이 높아진 지금, 교육이 여전히 계층 이동의 사다리 역할을 하는지 의문이 커지고 있습니다. 높은 사교육비, 강남으로 대변되는 교육 특구, 서울 소재 명문 대학에 진학하는 부유층 아이들의 비율 증대 등은 이미 잘 알려져 있지 않습니까? 김희삼 교수는 이것을 시기적으로 집약해서 [표 10-4]로 보여주었습니다.

이 표에서 세대 명칭은 40~50대 남성을 기준으로 한 관계를 나타냅니다. 이 남성의 아버지와 할아버지 간에는 사회적 지위와 상관관계가 매우 높았습니다. 할아버지의 교육·경제 수준이 높을수록 아버지

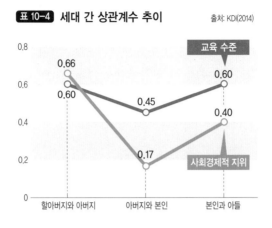

**표 10-4** 세대 간 상관계수 추이    출처: KDI(2014)

의 교육·경제 수준이 높아지는 정도가 컸다는 의미입니다. 그러나 본인과 아버지의 관계는 많이 달랐습니다. 아버지의 교육·경제 수준이 본인의 교육·경제 수준에 미치는 영향은 크게 줄어들었습니다. 할아버지와 아버지 세대까지는 특권층만 교육 기회를 누릴 수 있었고 좋은 일자리는 찾기 어려웠던 데 반해, 본인 세대에선 공교육의 급격한 확대를 통해 부모의 교육 수준과 무관하게 학력이 상승했고 고도성장에 따라 양질의 일자리도 함께 증가했기 때문입니다. 그런데 이 추세는 다시 반전됐습니다. 이제는 40~50대 남성의 교육·경제 수준과 그 자녀의 교육·경제 수준을 비교하면, 둘 사이의 관련성이 다시 높아지고 있습니다.

교육의 역할이 달라지고 있는 것 같습니다. 부모의 높은 교육 수준은 높은 소득과 자식에 대한 아낌없는 교육비 지출로 이어지고, 이것이 다시 자식 세대의 교육 수준과 소득 확대로 귀결되는 경향이 강해지는 것이죠. 이제 교육은 거꾸로 '중요한 불평등기제(great unequalizer)'가 되고 있는 것일까요? 미국에서도 대학이 점차 불평등기제가 되고 있다는 연구가 나오고 있습니다.

교육도 문제지만 양질의 일자리가 줄어들고 있는 현실을 고려할 때 취업 과정의 공정성도 민감한 문제일 수밖에 없습니다. 2011년 통계청 사회조사에 의하면 우리 국민들은 교육 기회보다 취업 기회의 불공정이 더 크다고 느끼고 있습니다. 특히 경제적 약자층에서 이런 성향이 두드러져서, 이들 계층에서 교육 기회와 취업 기회가 불공정하다고 믿는 비율은 각각 35퍼센트, 57퍼센트였습니다.

## :: 연줄 파워가 가장 센 나라, 한국 ::

흔히들 우리 사회는 연줄이 중요하다고 합니다. 그렇다면 교육을 통한 인맥 형성이 취업 기회에 영향을 준다는 점에서 또 다른 심각한 문제를 야기할 수 있을 것 같습니다. OECD가 발표한 '2017년 삶의 형편' 보고서에 의하면, 의지할 수 있는 친척이나 지인이 있느냐는 질문에 대졸자와 고졸 미만 학력자는 각각 82퍼센트와 42퍼센트가 '그렇다'고 답변해, 격차가 40퍼센트 포인트에 이르렀습니다.[12] [표 10-5]에서 보듯 이러한 인적 네트워크 격차는 한국이 OECD 국가 중 가장 컸습니다. 이를 염두에 두면 얼마 전 금융감독원이나 강원랜드 같은 공공기관의 취업 관문이 실력이 아닌 권력자의 청탁과 연줄로 열렸다는 사실을 알게 된 청년들의 분노가 충분히 이해가 갑니다.

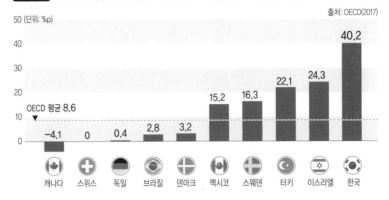

**표 10-5** OECD 회원국의 인적 네트워크 격차(대졸자와 고졸 미만자의 차이)

출처: OECD(2017)

50 (단위: %p)

40

40.2

30

24.3

22.1

20

16.3

15.2

OECD 평균 8.6

10

▼

0

-4.1    0    0.4    2.8    3.2

캐나다  스위스  독일  브라질  덴마크  멕시코  스웨덴  터키  이스라엘  한국

　《위대한 개츠비》를 번역한 작가 김영하에 따르면, 가난한 집안에 태어나 제대로 교육받지 못하고 성공을 향해 발버둥치는 개츠비라는 인물은 신생독립국 미국을 의인화한 것이라고 합니다. 하지만 기회의 땅은 역설적으로 세습이 강한 사회로 변모했고, 미국인들은 이제 "아메리칸드림은 미국이 아닌 스웨덴에 있다"는 냉소까지 보이고 있습니다.

　우리 사회의 세습 정도에 대해 독자 여러분 각자의 평가는 다를 수 있겠죠. 하지만 우리 사회의 부의 대물림 현상이 심화·확대되고 있다는 사실 하나만은 분명한 것 같습니다. 특히 2000년대 들어 최하위층을 중심으로 계층 이동성이 약화되었고 계층 상향 이동에 대한 희망도 저소득층일수록 줄어들었다는 것에 주목할 필요가 있을 것 같습니다. 이론적으로는 어느 계층보다 올라갈 사다리가 많이 있는 최하위층이 실제로는 한 칸 올라가기도 어려운 사회라는 것이지요.

저는 우리 사회가 '헬조선'이라고는 생각하지 않습니다. 다만 이대로 가다가는 우리 사회가 점차 '헬(hell)'에 가까워질지 모른다는 두려움은 갖고 있습니다. 그럼에도 우리 세대의 노력으로 우리 아이들과 세계인들에게 '기회의 땅 코리안드림'을 보여줄 수 있으면 좋겠습니다.

계급과 사법 정의

# "유전무죄 무전유죄"
# 이후 30년

지강헌을 아시나요? 서울올림픽의 열기가 채 가시기도 전인 1988년 10월 8일, 서울 영등포교도소에서 충남 공주교도소로 이감 중이던 죄수 열두 명은 호송 차량에서 탈출을 감행합니다. 이들 중 지강헌 등 네 명이 서울 시내 여러 곳을 전전하다가 10월 18일 은평구의 한 주택에 침입한 뒤 그 집에 살던 가족을 인질로 잡고 경찰과 대치합니다. 수천 명의 경찰과 취재진이 좁은 주택가를 가득 채웠던 당시 모습은 아직도 기억에 생생합니다. 최종적으로 인질범 한 명이 자수하고 세 명이 사망하는 것으로 끝마쳤는데, 다행히도 인질로 잡혔던 가족은 무사했습니다.

지강헌의 탈주극은 당시에도 큰 화제였고, 이후에도 TV 드라마 〈수사반장〉과 다큐멘터리로 만들어졌습니다. 그리고 2006년 영화 〈홀

리데이〉로 각색되어 제작되었고 최근에는 드라마 〈응답하라 1988〉에서도 다루어졌습니다. 이 사건이 이토록 주목받은 것은 한국에서 유례를 찾기 어려운 범죄자들의 탈주, 총기 범죄, 인질극이 등장하고 지강헌이 포위된 상태에서 비지스(Bee Gees)의 노래 〈홀리데이(Holiday)〉를 요청하는 등 온갖 극적인 요소를 다 갖고 있었기 때문이기도 하지만 "유전무죄 무전유죄"를 외치던 지강헌의 짧은 유언이 가장 큰 요인이었습니다.

## :: 수백만 원 훔친 자 17년, 수백억 훔친 자 3년 ::

지강헌은 여러 차례 자잘한 범죄를 벌인 전과자라고 해도, 자신은 560만 원을 훔친 것 때문에 징역과 보호감호로 무려 17년간 수감생활을 해야 하는 데 반해서, 수백억 원에 달하는 횡령, 탈세, 뇌물수수를 범한 전경환(전두환 전 대통령의 동생)은 겨우 7년의 징역형을 선고받은 것에 큰 불만을 품었다고 알려졌습니다. 전경환은 실제로 노태우 정권 말에 징역 3년을 마치고 가석방된 뒤 특별사면을 통해 복권되기까지 합니다. 이러한 세태를 고발한 것이 바로 '유전무죄 무전유죄'였습니다. 과연 우리 사회의 사법 정의는 부자에게 유리하고 가난한 자에게 불리한 것일까요?

우선 한국인들은 분명히 그렇게 생각하고 있는 것 같습니다. 지강헌 사건이 벌어진 지 30년이 지났지만 여론조사로 드러난 한국인들의 의식 속에는, [표 11-1]에서 보는 바와 같이 '유전무죄 무전유죄'가 확

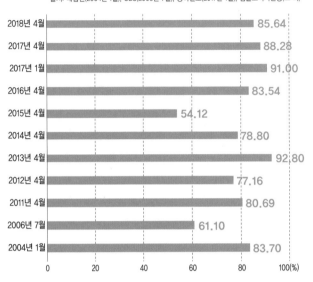

**표 11-1** '유전무죄 무전유죄'에 동의하는 비율

출처: 대법원(2004년 1월), CBS(2006년 7월), 동아일보(2017년 1월), 법률소비자연맹(그 외)

| | |
|---|---|
| 2018년 4월 | 85.64 |
| 2017년 4월 | 88.28 |
| 2017년 1월 | 91.00 |
| 2016년 4월 | 83.54 |
| 2015년 4월 | 54.12 |
| 2014년 4월 | 78.80 |
| 2013년 4월 | 92.80 |
| 2012년 4월 | 77.16 |
| 2011년 4월 | 80.69 |
| 2006년 7월 | 61.10 |
| 2004년 1월 | 83.70 |

고하게 각인되어 있습니다.

대법원이 2004년 1월 M&C 리서치를 통해 성인 1,000명을 대상으로 한 조사를 보면, '형사재판이 부유하거나 가난한 사람, 지위가 높거나 낮은 사람들에게 똑같이 정의롭고 공정하다고 생각하느냐'는 질문에 대해 65.5퍼센트는 '그렇지 않다', 18.2퍼센트는 '매우 그렇지 않다'고 답변해서 83.7퍼센트가 '유전무죄 무전유죄'에 공감을 표시했습니다.

또 2017년 1월 《동아일보》와 엠브레인이 성인 1,000명을 대상으로 한 조사에서도 '한국은 유전무죄 무전유죄가 적용되는 사회라고 생각

하는가'라는 질문에 '그렇다'가 19.6퍼센트, '매우 그렇다'가 71.4퍼센트
로 총 91퍼센트의 답변자가 유전무죄 무전유죄 사회라고 생각하고 있
었습니다. 이외에도 법률소비자연맹의 연례조사 등에서 우리 국민은
유전무죄 무전유죄에 대한 강한 공감을 나타냈습니다.

## :: 재벌 앞에선 하염없이 작아지는 한국 법원 ::

그렇다면 유전무죄 무전유죄는 우리 국민의 인식을 넘어 현실에
도 존재하는 것일까요? 뇌물 공여 등의 혐의로 수감 중 재판을 받던
삼성그룹 이재용 부회장이 2018년 2월 5일 항소심에서 징역 2년 6개
월, 집행유예 4년으로 석방된 바 있는데, 이때 화제가 된 것이 소위
'3·5의 법칙'이었습니다. 이 법칙은 '징역 3년, 집행유예 5년'을 가리키
는데, 현행법상 징역형이 3년 이하일 때만 집행유예를 선고할 수 있는
것을 고려하여, 법원이 재벌 등 특권층에 억지로 징역형을 3년 이하로
선고하고 이와 함께 집행을 유예해서 석방하는 경향이 있다는 것을
비꼬는 조어입니다. 이재용 부회장 외에도 1조 5,000억 원대 회계분식
혐의의 SK그룹 최태원 회장, 1,000억 원대 비자금 조성 혐의의 현대차
그룹 정몽구 회장, 1,500억 원대 배임과 400억 원대 탈세 혐의의 삼성
그룹 이건희 회장 등이 모두 '징역 3년, 집행유예 5년'을 선고받은 바 있
습니다.

이 문제에 대한 실증 분석은 한국조세재정연구원의 최한수 박사
가 집중적으로 수행하고 있습니다. 2018년 최 박사가 한양대 경영학

과 이창민 교수와 공동으로 2000~2014년 동안 주요 기업범죄 사건(언론에 보도되어 주목을 받은 사건들을 지칭)과 연루된 738명의 판결을 분석해서 발표한 〈법원은 여전히 재벌 범죄에 관대한가〉를 중심으로 살펴보겠습니다.[13]

화이트칼라 범죄의 대표적인 유형인 '특정경제범죄가중처벌 등에 관한 법률' 위반 사건의 경우 1심 집행유예 비율은 전체적으로 45퍼센트였던 데 반해, 주요 기업범죄 사건의 경우는 58퍼센트로 상승했고, 그중에서 재벌 피고인만으로 한정할 경우 68퍼센트로 더 올라갔습니다. 나아가 항소심의 경우 재벌 피고인은 집행유예 비율이 78퍼센트까지 상승했습니다.

한국 법원은 2009년 각종 범죄에 대한 양형 기준을 제정하였는데, 다른 범죄와 마찬가지로 횡령과 배임 금액별로 징역형에 대한 양형 기준이 강화되었고, 그 이후 전체적으로 집행유예 비율은 하락하였습니다. 하지만 [표 11-2]가 보여주듯 양형 기준의 제정 전후로 주요 기업범죄의 집행유예 비율은 비재벌 피고인의 경우 66퍼센트에서 45퍼센트로 하락하였지만, 재벌 피고인의 경우에는 78퍼센트에서 60퍼센트로 더 약하게 하락해 재벌과 비재벌의 격차는 오히려 확대되었습니다. 이 연구를 통해서 한국의 경우 재벌과 비재벌 사이에 형사처벌을 받는 격차가 존재하며, 전체적으로 처벌이 강화되는 경향에도 불구하고 재벌과 비재벌 사이의 격차는 오히려 확대되었다는 것을 알 수 있습니다. 최 박사와 이 교수의 표현대로 한국 법원은 여전히 재벌에 관대한 특성이 있다는 것을 알 수 있습니다.

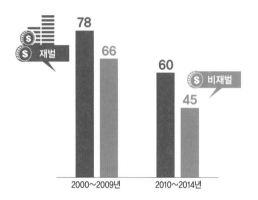

**표 11-2** 주요 기업범죄 사건 중 재벌 피고인과 비재벌 피고인의 집행유예 비율
출처: 법원은 여전히 재벌 범죄에 관대한가(2018) (단위: %)

## :: 미국인들은 돈 없으면 유죄라고 믿는다 ::

부자와 빈자 사이의 사법적 차별은 미국에서도 큰 사회문제이고 상당한 연구가 진행되어 있습니다. 브루킹스연구소의 애덤 루니(Adam Looney)와 연방준비제도이사회의 니컬러스 터너(Nicholas Turner)는 2018년 미국 30대 수감자들과 부모 소득 사이의 관계를 상세하게 추적한 보고서를 발표했습니다.[14] [표 11-3]에서 보시면 남성과 여성 모두 가난한 집안 출신이 부유층 출신보다 훨씬 더 높은 비율로 수감되어 있다는 것을 알 수 있습니다. 남성의 경우 부모 소득이 하위 10퍼센트인 경우 수감되는 비율은 상위 10퍼센트에 비해 대략 20배 정도 높았습니다(이러한 연구가 가능하도록 미국 재무부, 국세청, 교정당국이 관련 데이터를 제공했다고 합니다. 이는 매우 이례적인 일로, 우리가 본받을 일이라고 생각합니다).

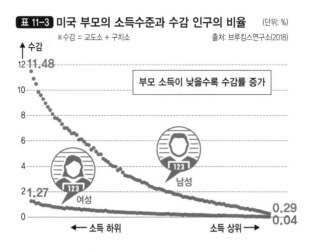

표 11-3 미국 부모의 소득수준과 수감 인구의 비율 (단위: %)

※수감 = 교도소 + 구치소  출처: 브루킹스연구소(2018)

부모 소득이 낮을수록 수감률 증가

이 엄청난 격차는 미국 사회에 큰 충격을 주었습니다. 물론 이 격차가 모두 재판 과정의 불공정함 때문만은 아닐 것이고, 성장기에 범죄 환경에 노출되는 정도, 교육을 덜 받는 정도 등 다양한 요인이 결합되어 있을 것입니다.

시카고대학의 아르피트 굽타(Arpit Gupta) 교수 팀은 미국 사법 절차에서 널리 활용되는 보석금 제도의 불공정함을 발견하여 2018년 〈높은 보석금이 낳는 막대한 비용〉이라는 논문을 발표했습니다.[15] 미국에서는 재판에 출석하지 않고 도주하는 위험을 줄이기 위해 보증금을 내면 보석을 허용하는 제도가 있는데, 보석 상태에서 재판을 받으면 유죄를 받을 확률을 낮출 수 있습니다. 하지만 가난한 피고의 경우 보석 보증금이 높게 책정될 경우 지급 능력이 없어서 보석을 포기하게 되는 경우가 많습니다. 이들은 보석 보증금을 높게 설정하거나 낮게

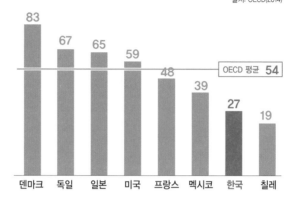

**표 11-4** OECD 국가의 사법 시스템에 대한 신뢰도 (단위: %)

출처: OECD(2014)

83 · 덴마크
67 · 독일
65 · 일본
59 · 미국
48 · 프랑스
39 · 멕시코
27 · 한국
19 · 칠레

OECD 평균 54

설정하는 재판관의 성향을 이용하여 필라델피아 시와 피츠버그 시의 사례를 통계적으로 분석했는데 그 내용을 보면 보석금을 조달할 능력이 없는 경우 유죄 비율이 6퍼센트 높아진다는 것을 알아냈습니다. 이 결과는 후속 연구를 통해 미국의 다른 주에서도 발견되었습니다.

:: 사법 시스템의 불공정함에 돈이 있다 ::

이상에서 살펴보았듯이 한국과 미국에서 이슈가 되는 방향은 미묘하게 다릅니다. 한국은 재벌 등 특권층이 부당하게 형사처벌을 면제받는 '유전무죄'가 강조되었지만 미국에서는 경제적으로 취약한 계층이 부당하게 형사처벌을 받는 '무전유죄' 경향이 중요한 연구 대상이었습니다. 물론 미국에서도 '유전무죄' 측면에 대한 연구가 진행된 바 있습니다. 특히 2008년 금융위기 이후 월스트리트의 대형 금융기관들이 정부와의 합의금을 통해 형사처벌을 피하는 경향을 분석해 비판한 듀크대학 법학교수 브랜던 개릿(Brandon L. Garrett)의 《대마불옥(Too Big To Jail)》이 대표적인 연구입니다.[16]

　　세계 여론조사기구인 갤럽이 세계인을 대상으로 사법 시스템에 대한 신뢰도를 조사했는데, [표 11-4]에서 보듯 OECD 국가 중 한국은 칠레 다음으로 신뢰도가 낮았고, 미국은 OECD 평균보다 약간 높은 수준입니다.[17] '유전무죄'가 '무전유죄'보다 더 강한 인상을 남기는 특성이 일부 반영된 것으로 생각되는데요, 우리는 재벌들의 '유전무죄'에 대한 경각심과 더불어 우리 주위의 가난한 사람들을 포함한 사회적 약자들이 사법 시스템의 불공정함에 의해 억울하게 유죄가 되는 '무전유죄' 경향에 대해서도 좀 더 많은 관심을 가져야 할 것 같습니다.

# CHAPTER 12

## 재활용과 익명성

# 쓰레기에 당신의
# 이름을 새겨넣는다면?

요즈음 카페에서 음료를 주문하면 원칙적으로 일회용 용기가 아닌 컵에 담아 주고, 주문한 음료를 카페 외부로 가져가겠다고 할 경우에만 일회용 용기를 제공합니다. 그러다 보니 카페 내에서 동료와 잠시 이야기를 나누다 커피를 가져가려는 소비자 입장과 매장 직원의 입장이 충돌하는 모습을 보기도 합니다. 그런데 2018년 초 중국이 재활용 쓰레기의 수입을 금지하면서 국내 재활용품 수거업체들이 비닐 등의 수거를 중단하여 '쓰레기 대란'이라고까지 불리는 상황이 벌어졌습니다. 중국에 쓰레기를 대량으로 수출하던 미국, 영국 등도 큰 홍역을 치렀습니다. 여기서는 쓰레기 중에서 최근 가장 논란이 되고 있는 플라스틱(비닐 포함) 쓰레기에 대해서 살펴보려고 합니다.

플라스틱은 다양한 크기와 모양으로 제작하기 쉽고, 내구성이 강하며, 가볍고, 제작 비용이 적기 때문에 장점이 많은 소재입니다. 한때 '기적의 소재'라는 말까지 들었죠. 전 세계 플라스틱 생산량은 1950년 200만 톤에서 2015년 3억 2,200만 톤으로 무려 160배 이상 늘어났습니다. 특히 플라스틱 중 포장재와 일회용기의 비중이 급증하였습니다. 하지만 이렇게 대량으로 생산된 플라스틱이 제대로 관리되지 않고 방치되어 지금은 지구촌의 고민거리가 되었습니다. 전 세계 해안가에 버려진 쓰레기의 61퍼센트가 플라스틱이라고 합니다.

## :: 기적의 소재에서 무시무시한 쓰레기로 ::

조지아대학의 공학자 제나 잼벡(Jenna R. Jambeck)이 2015년 발표한 〈육지에서 바다로 흘러들어 가는 플라스틱 폐기물〉이라는 논문에 의하면, 2010년 해안을 끼고 있는 192개국에서 버려진 플라스틱 폐기물의 양은 2억 7,500만 톤이었고 그중 약 480~1,270만 톤이 바다로 흘러들어 간 것으로 추정된다고 합니다.[18] 폐기물 배출 상위 5개국은 중국, 인도네시아, 필리핀, 베트남, 스리랑카였고, 상위 20개 국가 중 선진국은 미국 한 나라밖에 없었습니다. 물론 인구 규모의 영향을 받겠지만 바다로 흘러들어가는 플라스틱 폐기물이 중국을 위시한 저개발국에 집중된 것은 선진국들이 쓰레기를 저개발국에 대규모로 수출했기 때문입니다. 그래서 중국의 쓰레기 수입 금지가 전 세계적 파장을 일으키는 것이고요.

오랫동안 플라스틱 재활용을 위한 노력이 있었음에도 결과는 신

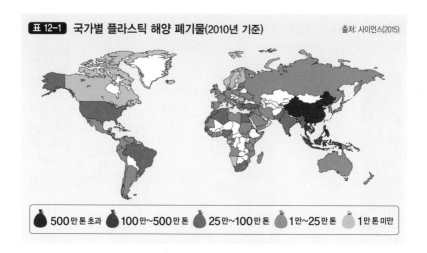

표 12-1 국가별 플라스틱 해양 폐기물(2010년 기준)    출처: 사이언스(2015)

● 500만 톤 초과  ● 100만~500만 톤  ● 25만~100만 톤  ● 1만~25만 톤  ● 1만 톤 미만

통치 않은 것 같습니다. 샌타바버라 캘리포니아대학의 환경학자 롤런드 가이어(Roland Geyer)가 이끄는 팀이 플라스틱 재활용을 연구하여 2016년 발표한 〈플라스틱의 생산, 사용 및 처리〉에 의하면, 전 세계 플라스틱 생산량의 단 9퍼센트만이 재활용되는 데 그쳤습니다.[19] [표 12-2]를 보면 1950~2015년 사이에 신규로 생산된 플라스틱 총량 83억 톤 중에서 25억 톤은 현재 사용 중이고, 나머지 58억 톤에서 1회 사용이 끝난 뒤 버려진 것이 46억 톤, 소각된 것이 7억 톤이었으며 재활용된 것은 고작 5억 톤이었습니다. 그런데 문제는 이렇게 재활용된 5억 톤도 현재 사용되고 있는 것은 1억 톤이고, 나머지 4억 톤은 최종적으로 버려지거나 소각되었습니다.

현재 바다에 버려진 플라스틱을 모아서 70미터 높이로 쌓으면 그 면적은 맨해튼 섬과 비슷하다고 할 정도입니다. 2015년 텍사스 A&M

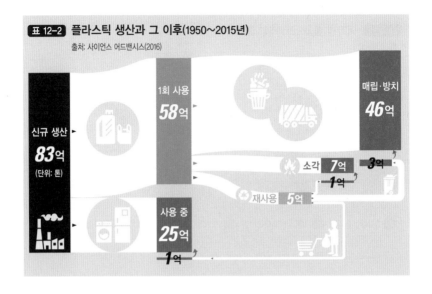

표 12-2 플라스틱 생산과 그 이후(1950~2015년)

출처: 사이언스 어드밴시스(2016)

신규 생산
**83**억
(단위: 톤)

1회 사용
**58**억

사용 중
**25**억

매립·방치
**46**억

소각 **7**억

**3**억

**1**억

재사용 **5**억

**1**억

대학에서 해양동물학을 전공하던 크리스틴 피게너(Christine Figgener)는 코스타리카 연해를 답사하던 중 코에 빨대가 박혀 고통스러워하는 바다거북을 구해서 빨대를 제거해주었습니다. 그는 이 과정을 촬영하여 유튜브에 올렸습니다. 이 거북이가 코에 피를 흘리며 고통스러워하는 모습은 순식간에 전 세계를 강타하였고 스타벅스, 아메리칸 에어라인, 하얏트호텔 등 여러 기업이 플라스틱 빨대 사용을 중단하게 된 결정적 계기가 되었습니다.

대량의 플라스틱 쓰레기는 필연적으로 생태계에 손상을 가져오고, 최종적으로는 인류에게도 큰 해를 끼칠 것이 분명합니다. 눈에 보이지 않을 정도로 작은 조각으로 나뉜 플라스틱을 물고기들이 먹게 되고, 그 물고기를 또 우리가 섭취하게 되어 우리 몸에는 차곡차곡 플라스틱 입자가 쌓여가고 있습니다.

2017년 푸트라말레이시아대학의 보건학자 알리 카라미(Ali Karami)가 이끄는 팀은 8개국 17개 소금 브랜드를 조사하고 〈각국에서 시판되는 소금에서 발견되는 미세 플라스틱〉이라는 논문으로 발표했습니다.[20] 이 연구에 의하면 플라스틱 조각이 포함되어 있지 않은 브랜드는 단 하나밖에 없었고 나머지는 소금 1킬로그램당 플라스틱 조각이 1~10개 정도 들어 있었습니다. 또 다른 연구에 의하면 강과 호수의 플라스틱 때문에 수돗물에도 플라스틱 조각이 포함되어 있다고 합니다. 플라스틱 입자가 포함된 수돗물은 미국, 유럽의 선진국과 아시아, 아프리카의 저개발국 모두에서 발견되었습니다. 심지어 세계경제포럼의 추계에 의하면 플라스틱 폐기물을 줄이는 획기적인 대책이 없을 경우 2050년에는 바다에 물고기보다 플라스틱이 더 많아지게 된다고 합니다.

:: 할인보다는 벌금으로 재활용률을 높여라 ::

물론 인류가 늘어나는 플라스틱 쓰레기 앞에서 수수방관하고 있었던 것은 아닙니다. 그중 몇 가지 흥미로운 결과를 살펴보겠습니다. 영국 카페에서 커피를 시킬 때 일회용 컵이 아닌 일반 컵으로 받을 경우 약 0.25파운드(약 350원) 할인해주는 경우가 많이 있습니다. 덧붙여 종이컵 역시 플라스틱 폐기물의 일종입니다. 순수 종이로만 제작된 컵이 액체를 제대로 담을 수가 없기 때문에, 우리가 종이컵이라고 부르는 것은 내부에 플라스틱이 코팅된 플라스틱-종이 합성컵입니다. 그래서 사실 재활용하기도 극히 어려운 물품입니다. 그런데 영국 정부의 조사에 의하면 일반 컵 사용 할인을 통해 일회용 컵 사용이 줄어든 효과는 고작 1~2퍼센트에 불과했다고 합니다. 이를 극복하기 위해 영국 하원에 제출된 법안은, 일회용 컵을 사용할 경우 같은 금액인 0.25파운드를 '라테세(latte tax)'라는 명목으로 추가로 내게 하는 것입니다. 별 차이가 없어 보이지만 해당 법안을 제출한 의원들은 라테세가 훨씬 더 큰 효과를 내리라 기대하고 있습니다. 노벨 경제학상을 수상한 행동경제학자 대니얼 카너먼(Daniel Kahneman)의 '손실 회피(loss aversion)' 이론에 의하면 사람들은 같은 금액일 경우 '할인이 주는 기쁨'보다 '추가 납부가 주는 고통'을 훨씬 더 크게 느끼기 때문입니다.

영국 의회의 예상은 2018년 미국 뉴욕대학의 경제학자 타티아나 호모노프(Tatiana Homonoff)가 〈작은 인센티브가 큰 효과를 낼 수 있을까〉라는 논문을 발표하면서 사실로 확인되었습니다.[21] 미국의 워싱턴 메트로폴리탄 지역은 수도 워싱턴 D.C.에 더해서, 메릴랜드 주, 버지니아 주 및 웨스트버지니아 주에 소속된 여러 카운티들을 포함하는 넓은 지역입니다. 한국식으로 표현하면 수도권에 해당하는 곳이죠. 호모노프는 그중에서 워싱턴 D.C.와 메릴랜드 주의 몽고메리 카운티, 버지니아 주의 알렉산드리아 카운티가 인접해 있는 생활권을 조사 대상으로 삼았습니다. 이 지역은 주민 특성이 유사하면서도 비닐봉지에 대한 규제 정책은 각각 상이하다는 것에 착안했습니다.

우선 워싱턴 D.C.는 2010년 미국 최초로 상점에서 비닐봉지를 사용할 경우 건당 5센트(약 50원)의 세금을 부과하도록 했고, 뒤이어 2012

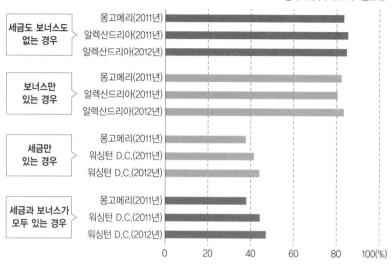

**표 12-3** 세금과 보너스가 일회용 비닐봉지 사용에 미치는 효과

출처: 아메리카 이코노믹 저널(2018)

년에 몽고메리 카운티도 이 정책을 이어받았습니다. 반면 알렉산드리아 카운티는 이 정책을 도입하지 않았습니다. 이 지역의 또 다른 특징은 일부 상점들이 친환경 정책을 표방하면서 고객이 장바구니를 들고 올 경우 5센트의 보너스를 주는 정책을 취하고 있었다는 점입니다. 예를 들어 1,000원어치를 구매하는 고객의 입장에서는 보너스 정책을 내세우는 상점에 갈 경우 장바구니를 가져가면 950원입니다. 반대로 세금을 내야 하는 상점에 갈 때 장바구니를 가져간다면 1,000원, 비닐봉지를 받으면 1,050원이 됩니다. 두 경우 모두 장바구니를 가져가는 번거로움(또는 비닐봉지를 사용하는 편리함)의 대가는 50원입니다.

하지만 호모노프의 분석 결과를 정리한 [표 12-3]을 보시면 놀라울 정도로 정책 효과가 차이가 납니다. 세금이 도입되기 전 몽고메리 카운티와 알렉산드리아 카운티의 비닐봉지 사용 비율은 보너스가 있는 상점이건 그렇지 않은 상점이건 상관없이 80퍼센트 정도였습니다. 하지만 세금이 도입된 몽고메리 카운티와 워싱턴 D.C.는 비닐봉지 사용 비율이 40퍼센트로 떨어졌습니다. 여기에 추가로 보너스 제도까지 도입한 상점의 경우, 비닐봉지 사용 비율이 특별히 더 낮아지지는 않았습니다. 미국 워싱턴 메트로폴리탄 지역의 주민들은 50원 손실에는 매우 민감하게 반응하면서도, 50원 이득에는 둔감했습니다. 이는 정확하게 행동경제학의 예측에 부합하는 것이었습니다.

## :: 쓰레기에 자랑스러운 이름을 써넣어라 ::

행동경제학적 측면에서 보스턴대학의 마케팅학자 레미 트뤼델 (Remi Trudel)이 이끄는 팀은 또 다른 흥미로운 일련의 연구를 발표했습니다. 우선 소비자들의 정체성이 재활용에 어떤 영향을 미치는지 조사하여 2016년 〈자기 자신의 재활용〉이라는 논문을 발표했는데요.[22] 미국의 많은 카페에서는 컵에 주문자의 이름을 씁니다. 그래서 이들은 통상적으로 사람들이 자신의 이름에 정체성을 강하게 부여하는 것에 착안하여, 실험에 참가한 대학생들을 세 집단으로 나눴습니다. 첫 번째는 컵에 본인의 이름이 정확하게 씌어진 그룹, 두 번째는 이름의 철자가 틀리게 적힌 그룹, 세 번째는 이름이 아예 적히지 않은 그룹으로 구분한 뒤 이들의 행동을 관찰했습니다. 이름이 정확하게 적힌 컵의 재활용률은 48퍼센트로 이름이 적혀 있지 않은 컵의 재활용률 26퍼센트에 비해 확연히 높았습니다. 흥미롭게도 이름의 철자가 틀린 컵의 재활용률은 24퍼센트로 이름이 없는 컵과 거의 차이가 없었습니다. 결국 소비자들은 정확한 이름이 적힌 컵에 일체성을 더 느끼고, 이 컵을 일반 쓰레기통에 버리기보다는 재활용 수거함에 넣는 성향이 커진 것이었습니다.

트뤼델 팀은 정체성과 관련된 두 번째 실험으로 애교심을 분석하였습니다. 모든 학생들에게 학교의 로고가 적힌 종이컵을 제공하였는데, 첫 번째 그룹의 학생들은 애교심을 높이는 기사(졸업생의 성공담을 담은 기사)를 접하게 했고, 두 번째 그룹의 학생들은 애교심을 낮추는 기사(졸업생이 범죄를 저질렀다는 기사)를 접하게 했습니다. 세 번째 그룹은 아무런 기사도 읽지 않았습니다. 그 결과가 [표 12-4 Ⓐ]에 표시되어 있습니다. 종이컵을 쓰레기통에 버린 비율은 첫 번째 그룹이 가장 낮았고, 두 번째 그룹이 가장 높았습니다. 첫 번째 그룹은 재활용 비율도 높았고, 심지어 보관하기 위해 집에 가져가는 비율조차도 높았습니다. 이 실험을 통해서도 정체성이 재활용에 미치는 효과가 있다는 것을 확인할 수 있었습니다.

트뤼델 팀은 2013년 〈제품의 크기와 손상 정도가 재활용에 미치는 영향〉이라는 논문도 발표했습니다.[23] 실험에 사용된 물품은 플라스틱은 아니고 금속 캔이었는데 함의는 같다고 생각합니다. 이들은 학생들을 네 집단으로 나누어 미니 사이즈의 캔과 정규 사이즈의 캔을 각각 찌그러진 것과 그렇지 않은 것으로 구분하여 제공하였습니다. 그

## 재활용의 심리학적 분석
출차: 저널 오브 컨슈머 리서치(2013, 2016)　　　(단위: %)

### Ⓐ 학교 로고가 적힌 컵을 사용한 뒤 처리 비율

**긍정 이미지:** 학교에 대한 긍정적인 기사를 본 학생들
**부정 이미지:** 학교에 대한 부정적인 기사를 본 학생들
**통제집단:** 아무런 기사도 보지 않은 학생들

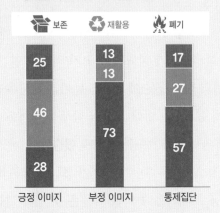

### Ⓑ 캔의 상태에 따른 재활용 비율

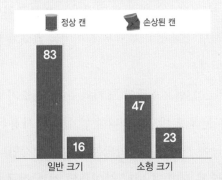

결과가 [표 12-4 Ⓑ]에 정리되어 있습니다. 캔이 찌그러져 있지 않고 사이즈가 큰 경우에 가장 재활용률이 높았습니다. 사실 캔의 찌그러짐 여부는 재활용과 무관한 것이지만, 학생들은 찌그러진 캔을 더욱 '쓰레기스럽다'고 생각한 것이고 크기가 클수록 보다 온전하다고 생각한 것입니다.

이외에도 각국에서는 분해도를 높이는 새로운 플라스틱의 개발, 재활용 공정을 단순하게 하기 위한 플라스틱 용기의 부착물과 색 규제, 직접적이고 전면적인 플라스틱 금지 방안까지 다양한 해결책이 제시되고 있습니다. 앞서 말씀드린 영국 의회의 경우 '라테세'에도 불구하고 재활용률이 급격히 높아지지 않으면 일회용 컵의 사용을 금지할 수도 있다는 계획을 밝힌 바 있고, 최근 인도의 나렌드라 모디 총리는 2022년까지 모든 일회용 플라스틱 제품을 금지하겠다는 세계에서 가장 강력한 정책을 내놓았습니다.

플라스틱 폐기물이 일으키는 생태계 위협의 정도를 고려해 볼 때 어떤 하나의 정책을 고집할 때는 아닌 것 같습니다. 우리도 다양하고 과감한 정책 수단을 동원해서 우리가 사는 세계가 '플라스틱 플래닛'이 되는 것을 막는 국제적 노력에 함께 했으면 좋겠습니다.

# 읽지 않더라도 집에 책을 쌓아놓아야 하는 이유

간혹 '책이라는 것은 나에게 허영의 대상이 아닐까'라는 생각을 할 때가 있습니다. 서점에서 책을 몇 권 사서 집에 들어갔는데 책상 위에, 소파 옆에, 심지어 화장실에까지 얼마 전에 샀으나 아직 들춰보지도 못한 책들이 쌓여 있는 것을 보면서 느끼는 부끄러움입니다. 페이스북에 올라오는 친구들의 글에서 쌓여가는 책 때문에 배우자에게 타박을 듣는 사연을 심심찮게 접할 수 있습니다. 사람들은 끼리끼리 모인다는데, 저만 그런 것은 아니더군요. 그런데 이게 한국만의 현상도 아닌 모양입니다. 최근 국제적으로 '츤도쿠(積ん讀)'라는 단어가 화제가 되었는데요. 스시나 사무라이처럼 일본어에서 기원해 국제적으로 통용되는 단어가 된 것입니다. '책을 쌓아두기만 하고 읽지 않는 사람'을 가리킨다고 합니다. 우리말의 '장서가' 또는 영어의 '비블리오마니아

(bibliomania)'와 같이 책을 많이 소장하고 있는 사람들을 지칭하는 단어는 여럿 있지만, 노골적으로 '읽지 않는'의 의미까지 부여한 단어는 이 것이 유일해서 세계적으로 퍼지지 않았을까 싶습니다.

## :: 책을 들고 있는 사람은 멋지다 ::

도대체 사람들은 왜 책에 집착할까요? 하나의 이유는 멋있어 보여서일 것입니다. 사람들의 복잡미묘한 심리를 잘 포착한 것으로 유명한 영국 작가 제인 오스틴(Jane Austen)은 《오만과 편견》에서 허영기 가득한 캐롤라인 빙글리의 성격을 다음과 같은 그녀의 말을 통해 드러냅니다. "독서만큼 즐거운 것은 없다고 분명히 말할 수 있어요. 제가 집을 지었는데 거기에 훌륭한 서재가 없다면, 오! 얼마나 끔찍할지." 실제 캐롤라인은 책 읽기에는 손톱만큼도 관심이 없었거든요.

마케팅에서도 책과 멋짐을 연결시키는 것은 대유행입니다. 일본에서 가장 땅값이 비싼 번화가인 긴자 한복판에 엄청난 규모를 자랑하는 츠타야(蔦屋)라는 서점이 있습니다. 카페와 다양한 문구 매장을 포함해서 인테리어도 화려하고 멋집니다. 츠타야는 '감성과 취향을 판매하는 곳'을 표방하는데, 사람들은 점점 더 소장하고 있는 책으로 (읽었는지 여부와 무관하게) 감성과 취향을 드러내는 것 같습니다. 신세계그룹은 강남 코엑스 지하에 누구나 이용할 수 있는 별마당이라는 도서관을 열었는데, 여기도 멋진 내부 장식과 공간을 갖춰 책을 읽고 사진 찍는 사람들로 항상 북적입니다. 이제 책은 정보 전달 매체이면서 동시에 멋짐을 드러내는 장식품이기도 합니다. 재미있는 것은 이 도서관 위쪽의 손이 닿지 않는 서가는 영어로 쓰인 두꺼운 책들로 가득 채워져 있는데, 사실은 책이 아니라 책 모양의 플라스틱입니다. 노골적으로 장식품의 성격을 드러내는 것이죠.

## :: 책을 들고 있는 것만으로 똑똑해진다 ::

그렇다면 한국 사람들은 집에 책을 얼마나 두고 있을까요? 2011~2015년 사이에 OECD가 31개국 성인 16만 명을 대상으로 수행한 국제성인역량조사의 질문 중 하나가 '당신이 16세였을 때, 집에 책이 몇 권 있었나요? 신문, 잡지, 교과서·참고서는 제외한 책을 대상으로 답해주세요'였습니다. 2019년 오스트레일리아국립대학교와 미국 네바다대학의 경제학자들이 이를 분석하여 〈공부하는 문화: 청소년기 책의 노출은 언어능력, 수리능력 및 기술문제 해결능력에 얼마나 영향을 미치는가〉라는 논문으로 발표했습니다.[24] 우선 [표 13-1]에서 가구당 책 보유 규모를 볼 수 있는데, 에스토니아가 가구당 평균 218권으로 최고였고, 그 외에 노르웨이, 스웨덴, 체코가 200권 이상이었습니다. 반면 터키가 27권으로 가장 낮았고 한국은 아쉽게도 91권으로 여섯 번째로 책을 적게 갖고 있는 국가였습니다. 전체 평균은 115권입니다.

이들의 연구에 의하면 청소년기 책에 노출되는 것은 인지능력 발달에 전반적인 영향을 미치는데요. 그 효과는 언어능력, 수리능력 및 기술문제 해결능력 향상으로 이어집니다. [표 13-2 Ⓐ]에서 보듯이 65

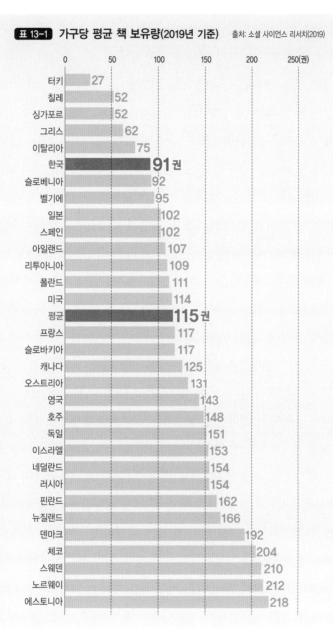

표 13-1  가구당 평균 책 보유량(2019년 기준)  출처: 소셜 사이언스 리서치(2019)

| 국가 | 권 |
|---|---|
| 터키 | 27 |
| 칠레 | 52 |
| 싱가포르 | 52 |
| 그리스 | 62 |
| 이탈리아 | 75 |
| 한국 | **91권** |
| 슬로베니아 | 92 |
| 벨기에 | 95 |
| 일본 | 102 |
| 스페인 | 102 |
| 아일랜드 | 107 |
| 리투아니아 | 109 |
| 폴란드 | 111 |
| 미국 | 114 |
| 평균 | **115권** |
| 프랑스 | 117 |
| 슬로바키아 | 117 |
| 캐나다 | 125 |
| 오스트리아 | 131 |
| 영국 | 143 |
| 호주 | 148 |
| 독일 | 151 |
| 이스라엘 | 153 |
| 네덜란드 | 154 |
| 러시아 | 154 |
| 핀란드 | 162 |
| 뉴질랜드 | 166 |
| 덴마크 | 192 |
| 체코 | 204 |
| 스웨덴 | 210 |
| 노르웨이 | 212 |
| 에스토니아 | 218 |

권 정도까지는 가파르게 인지능력이 상승합니다. 그리고 대략 350권이 넘어서면 그 이후로는 거의 영향을 미치지 못한다고 합니다. 그러니까 책이 아주 많을 필요는 없지만 책이 거의 없는 것은 청소년기 지적 성장에 상당한 문제를 야기합니다. 혹시 청소년기 집에 책이 많은 가정은 대체로 부모가 교육이나 소득 수준이 높기 때문이며, 책이 많은 집 아이들이 성인이 된 뒤에 인지능력이 좋다는 것도 사실 '고학력 부모가 교육을 많이 시켜서' 또는 '부유한 부모가 교육비를 많이 써서' 등의 영향 때문일 수 있다는 반론이 나오지 않을까요? 그러나 이 표는 이러한 효과를 다 제거한 이후 책 보유 규모의 효과를 측정한 것입니다.

유사한 연구가 더 있는데요. 이탈리아 파도바대학의 경제학자 조르조 브루넬로(Giorgio Brunello)는 유럽 국가들을 대상으로 책 보유량과 소득 간의 관련성을 분석하여 2016년 〈책은 영원하다: 어린 시절 생활 조건, 교육 및 평생소득〉이라는 논문을 발표했습니다.[25] 그는 2010년 유럽연합이 수행한 '건강, 노화 및 은퇴 조사'를 이용하여, 1920~1950년 사이에 유럽에서 태어난 남성 노인 6,000명을 대상으로 살펴보았습니다. 교육 수준이 높아지면 소득도 높아지는 효과는 여러 연구에 의해 전 세계적으로 관찰되는데, [표 13-2 ⓑ]를 보면 이들의 연구에서도 학교교육을 받은 기간이 1년 늘어날 때 평생소득이 9퍼센트 늘어나는 것이 발견되었습니다. 그런데 이 효과는 균일하지 않아서, 청소년기에 집에 책이 전혀 없었던 그룹(10권 이하)의 경우 소득 상승효과는 5퍼센트에 불과했지만, 그보다 책이 많은 가정에서 자라는 그룹(11~200권)의 경우에는 이 효과가 21퍼센트에 이르렀습니다. 이를 기반으로 그는 교육

## 표 13-2 청소년기 집의 책 보유량의 효과

출처: Ⓐ는 소셜 사이언스 리서치(2019), Ⓑ는 이코노믹 저널(2016)

### Ⓐ 성인 시절 문제해결 능력에 미치는 효과

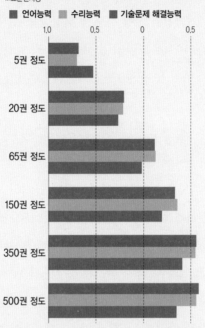

### Ⓑ 추가교육 1년이 평생소득 증가에 미치는 효과

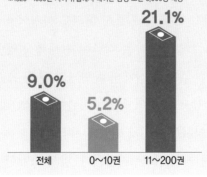

기간을 강제로 늘리는 의무교육 확대 정책의 효과가 가정마다 달라질 수 있으니, 세심한 보완이 필요하다고 제안하고 있습니다.

이상의 두 연구를 보면 집에 책을 쌓아두는 것은 허영 이상의 효과가 있음을 알 수 있습니다. 설령 부모가 허영심으로 가득한 '츤도쿠'일지라도, 그 아이들이 책에 노출되는 것만으로도 인지능력이 개선되고 성인이 된 뒤의 소득이 높아진다면 꽤 괜찮은 투자가 아닐까요?

## :: 왜 공공도서관이 필요한가 ::

하나만 더 생각해보죠. 경제적 어려움이나 공간의 협소함 때문에 집에 책을 비치하기 어려운 가정도 많이 있을 텐데요. 이들을 위한 제도는 무엇보다 공공도서관이 아닐까요? 2018년 7월 미국 롱아일랜드 대학의 경제학자 파노스 무르두쿠타스(Panos Mourdoukoutas)는 《포브스(Forbes)》에 '아마존이 있으니 공공도서관을 없애서 세금을 절약해야 한다'는 칼럼을 썼다가 난리가 난 적이 있습니다. 사서와 도서관 학자들뿐만 아니라 일반인들로부터도 미국의 공공도서관은 미국의 가장 중요한 공적 자원이고 이를 통해 특히 어려운 환경의 아이들이 큰 혜택을 보는데, 이 무슨 망발이냐는 비난이 거세게 일었습니다. 《포브스》는 부랴부랴 관련 칼럼을 삭제하고 사과의 글을 올렸지만 분노는 쉽게 사그라들지 않았고, 오히려 공공도서관이 미국인의 삶에 얼마나 중요한 것인지를 확인하는 계기가 되었습니다.

저는 우리도 마찬가지라고 생각합니다. 앞서 소개한 국제성인역량

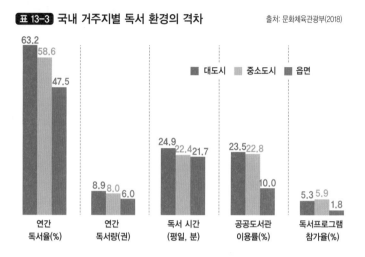

**표 13-3** 국내 거주지별 독서 환경의 격차　　　출처: 문화체육관광부(2018)

■ 대도시　■ 중소도시　■ 읍면

연간 독서율(%): 63.2　58.6　47.5
연간 독서량(권): 8.9　8.0　6.0
독서 시간(평일, 분): 24.9　22.4　21.7
공공도서관 이용률(%): 23.5　22.8　10.0
독서프로그램 참가율(%): 5.3　5.9　1.8

조사 통계에 따르면 한국 가족은 평균적으로 책 보유량이 적은 데다가, 5권 정도를 보유하고 있다고 답변한 비율이 무려 23퍼센트에 이르러서 가정에서 책을 접하는 비율이 매우 낮다는 것을 알 수 있습니다. 따라서 이를 보완하기 위해 공공도서관을 적극적으로 늘리고, 더 많은 사람이 이용할 수 있도록 다양한 프로그램을 확대하는 등의 노력이 절실합니다. 그런데 이것 역시 지역적으로 꽤 편차가 큰 것 같습니다. 문화체육관광부의 '2017년 국민독서실태조사'를 보면 대도시, 중소도시, 읍면으로 나눌 때 책과 관련한 모든 지표에서 읍면이 좋지 않습니다([표 13-3] 참고). 특히 공공도서관 이용률이나 도서관이 중심이 되는 독서프로그램 참가율은 더욱 열악한 것을 알 수 있습니다. 상대적으로 낙후된 지역을 지원할 때는 지역적 특성에 따라 공공도서관의 확대와 개선 전략을 세워야 할 것 같습니다.

3부

# 페미니스트가 된 데이터 전문가

## 데이터, 여성의 무기가 되다

CHAPTER

# 14

**딸 효과**

# 딸들은 아빠에게
# 어떻게 영향을 미치는가

우리는 갈등의 현장에서 으레 '역지사지'하라는 충고를 자주 접합니다. 당사자 각각의 처지에 따라 생각과 주장이 달라지니, 상대방의 입장에 서서 생각해보면 갈등 해결에 도움이 되리라는 기대에 기반한 것입니다. 하지만 이게 어디 말처럼 쉬운 일이겠습니까? 자신이 실제 처한 상황도 아니고 과거에 유사한 일을 경험한 적도 없다면, 처지를 바꿔서 생각하는 게 그리 잘되지 않을 것 같습니다. 자본가가 노동자의 고통을, 부자가 가난한 자의 곤궁함을, 건강한 사람이 장애인의 불편함을, 이성애자가 동성애자의 공포를, 그리고 남성이 여성의 억울함을, 역지사지라는 한마디 말로 쉽게 느끼기는 어렵지 않을까요? 물론 반대의 경우도 마찬가지일 것입니다.

우리가 문학작품이나 역사를 통해서 타인의 경험을 간접적으로

라도 겪어보려고 노력하는 것은 이를 극복하기 위한 것입니다. 그런데 가족이 겪는 현실이야말로 그 무엇보다 강렬한 간접 경험이 아닐까요? 장애 아동의 부모가 누구보다 열심히 장애인 학교 건설에 나서고, 군사독재 시절 자식이 양심수로 옥고를 치르자 보수적이었던 부모가 '민주화실천가족운동협의회'에 나가 반독재 활동을 했던 많은 사례를 떠올릴 수 있습니다. 그런 점에서 딸을 키우는 아버지의 위치는 남성이 여성의 처지를 간접적으로 경험할 수 있는 강력한 기회 중 하나입니다. 버락 오바마 전 미국 대통령은 2016년 퇴임을 얼마 앞두고 잡지 《글래머(Glamour)》에 강력한 성평등 메시지를 담은 '페미니스트는 이런 모습이다'라는 글을 보냈습니다.[1] "당신이 두 딸의 아빠라면, 남성과 여성의 역할에 대한 고정관념이 사회에 얼마나 만연해 있는지 느끼지 않을 수 없을 것입니다. (중략) 딸을 키우는 아빠가 페미니스트가 되는 것은 중요한 일입니다. 왜냐하면 우리 딸들이 세상의 모든 남자들이 그러기를 기대하기 때문입니다."

:: 공화당을 지지하는 남성 판사가 딸 바보가 된다면 ::

오바마 전 대통령 외에도 딸을 키우는 아빠들의 경험담을 어렵지 않게 접할 수 있는데, 많은 사회과학자들이 '딸을 키우는 것이 아빠의 행동 변화에 어떤 영향을 주는가'에 대한 본격적인 검증에 나섰습니다. 이른바 '딸 효과(daughter effect)'라고 불리는 현상인데요. 예일대학의 경제학자 에보니아 워싱턴(Ebonya Washington)이 2008년 발표한 〈여성의

**표 14-1** 미국 하원의원 친여성지수(자녀 성별 기준)

■ 2남　■ 1녀 1남　■ 2녀　　　　출처: 아메리칸 이코노믹 리뷰(2008)

Ⓐ 미국대학여성협회

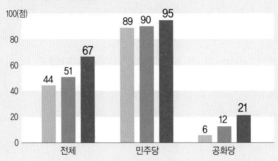

Ⓑ 전미여성기구

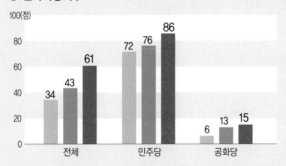

사회화: 딸들은 국회의원 아빠에게 어떻게 영향을 미치는가〉라는 논문부터 살펴보겠습니다.[2] 미국대학여성협회와 전미여성기구는 젠더 이슈와 관련된 미국 하원의원들의 투표 성향을 분석해서 의원별로 친여성지수를 각각 산정하는데, 워싱턴 교수는 자식이 두 명인 의원들을 자녀의 성별로 구분해서 친여성지수를 집계했습니다.

[표 14-1 Ⓐ]를 보면, 1997~2004년 기간에 아들만 둘인 의원은 미국대학여성협회 친여성지수에서 44점을 받은 반면, 1녀 1남인 의원은 51점, 딸만 둘인 의원은 67점을 받았습니다. 딸이 많을수록 친여성지수가 상승했는데, 민주당 의원보다 공화당 의원의 상승효과가 더욱 뚜렷했습니다(민주당 7퍼센트, 공화당 270퍼센트 상승). [표 14-1 Ⓑ]를 보면, 1997~1998년 사이를 집계한 전미여성기구 친여성지수도 유사한 패턴을 보여줍니다.

사법부의 상황은 어떨까요. 에머리대학의 정치학자 애덤 글린(Adam N. Glynn)과 하버드대학의 정치학자 마야 센(Maya Sen)은 2015년 〈사법적 공감: 딸을 키우는 것은 판사의 여성 이슈 판결에 어떤 영향을 미치는가〉라는 논문을 통해, 딸 효과가 사법부에서도 관철된다는 사실을 입증했습니다.[3] 1996~2002년 미국 연방항소법원에서 다루어진 재판 가운데 고용에서의 여성 차별, 출산 및 임신중절 관련 여성권, 교육에서의 여성 차별 등 젠더 이슈와 관련된 990건이 분석 대상이었습니다. 재판에 참여한 전체 판사 224명 중 남성(186명)이 여성(38명)에 비해 압도적으로 많았습니다.

분석 결과는 입법부의 경우와 비슷했습니다. [표 14-2]를 보면 딸

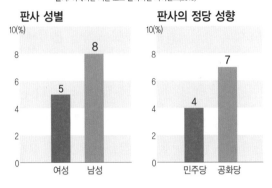

**표 14-2** 딸이 있는 판사의 친여성 판결 성향 변화

출처: 아메리칸 저널 오브 폴리티컬 사이언스(2015)

을 한 명이라도 둔 판사는 평균보다 친여성 판결 성향이 7퍼센트 높게 나타났습니다(다만 딸이 여럿 있더라도 이 수치는 크게 달라지지 않았습니다). 좀 더 구분해서 살펴보면, 딸이 판사 어머니에게 미치는 친여성 판결 성향 개선효과는 5퍼센트인 반면, 판사 아버지에게 미치는 효과는 8퍼센트였습니다. 미국의 경우 모든 연방법원 판사는 대통령이 지명하므로 지명자(대통령)의 소속 정당이 판사의 정치적 성향에 대해 의미 있는 판단 기준을 제공한다고 할 수 있습니다. 이를 이용해서 민주당과 공화당 성향인 판사에게 딸이 미치는 친여성 판결 성향 개선효과는 각각 4퍼센트와 7퍼센트였습니다. 요약하자면, 딸의 존재가 판사인 부모의 판결 성향을 친여성적으로 바꾸는 효과는 보수 성향의 남성 판사에게 가장 강했습니다. 이는 공화당 성향의 남성 판사가 애초 친여성 성향이 매우 약했기 때문에 그만큼 개선효과도 크게 나타난 것으로 보입니다.

## :: 여성 경영자일수록 사회적 책임에 적극적이다 ::

　민간부문에서도 딸 효과가 나타날까요? 마이애미대학의 금융학자 헨리크 크롱크피스트(Henrik Cronqvist)와 중국유럽국제경영대학원의 금융학자 프랭크 위(Frank Yu)가 이 문제에 도전했습니다. 이들은 2017년 〈딸의 영향: 경영자, 여성의 사회화, 기업의 사회적 책임〉이라는 논문에서 1992~2012년 미국 S&P 500 지수에 속한 대기업 CEO 자녀의 성별이 기업의 사회적 책임(Corporate Social Responsibility: CSR) 활동에 미치는 영향을 추적했습니다.[4] 앞서 살펴본 연구들과 달리, CSR은 그 자체로 젠더 이슈는 아닙니다. 다만 여성이 남성에 비해 타인의 행복에 더 큰 책임감을 느끼기 때문에 사회적 측면을 중시한다는 주장은 줄곧 제기되어 왔습니다. CSR이 주주뿐 아니라 노동자와 공동체 활동에도 기업이 적극적으로 나서도록 요구하기 때문에, 이것이 젠더 이슈와 관련될 수 있다는 가설은 충분히 설득력이 있다고 할 수 있습니다.

　두 사람은 우선 최고경영자가 여성인 경우를 살펴보았습니다. 여성 최고경영자가 운영하는 기업의 CSR 지수가 전체 기업 평균보다 3.56포인트 높게 나타났습니다. 기업의 최고경영자가 딸을 한 명 둔 경우엔 CSR 지수가 평균보다 0.97포인트 높았습니다. 기업의 최고경영자가 남성인 경우 여성일 때 비해 기업 CSR 지수가 낮지만, 그럼에도 남성 최고경영자가 딸을 두었다면 CSR 지수가 어느 정도 개선된다는 사실을 알 수 있습니다.

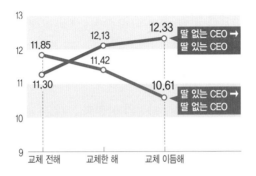

**표 14-3** CEO 교체에 따른 CSR 지수 변화

출처: 저널 오브 파이낸셜 이코노믹스(2017)

[표 14-3]은 이를 더 명확하게 보여줍니다. 기업의 최고경영자가 딸이 없는 사람에서 딸이 있는 사람으로 바뀔 경우, 그 기업의 CSR 지수가 높아진 반면, 반대의 경우엔 낮아졌습니다. 이를 통해 기업의 CSR 활동이 최고경영자 자녀의 성별에 매우 빠르게 반응한다는 사실을 알 수 있습니다.

최고경영자의 자녀 성별에 따라 해당 기업의 CSR 활동이 영향을 받는다면, 그것이 얼마나 중요하며 바람직한가를 생각해봐야 할 것 같습니다. 두 사람의 추정에 따르면, 최고경영자가 딸을 둔 경우 추가적인 CSR 활동으로 인해 그 기업의 판매관리비가 3.2퍼센트 늘어났습니다. 이는 중위 기업 순이익의 10.4퍼센트에 해당하는 4,300만 달러를 추가비용으로 지출했다는 의미인데요. 이에 대한 평가는 엇갈릴 것 같습니다. 보수 성향의 경제학자 밀턴 프리드먼(Milton Friedman)처럼 "기업의 사회적 책임은 오직 이윤을 창출하는 것뿐"이라고 생각한다면 이러한 CSR 활동은 그저 낭비라 여겨질 테지만, 해당 활동이 사회를 좀 더 건강하게 만들고 기업의 장기적 지속가능성도 높인다고 보는 진보적 기준에 따른다면 건전한 투자활동으로 볼 수 있을 것입니다.

:: 딸을 가진 임원일수록 여성 채용을 선호한다 ::

다음으로 벤처캐피털 업계에 대해서 살펴보겠습니다. 이 분야는 유독 남성 비중이 높은 영역입니다. 미국의 988개 벤처캐피털은 최근 5년간 회사당 4.6명의 투자전문가를 채용했는데, 그중 여성은 겨우 8퍼센트에 불과했습니다. 그리고 이 기간 동안 단 한 명의 여성 투자전문가도 채용하지 않은 곳이 무려 712개사(72퍼센트)나 되었습니다. 하버드대학의 경제학자 폴 곰퍼스(Paul A. Gompers)와 소피 왕(Sophie Q. Wang)은 〈그리고 아이들이 인도할 것이다: 벤처캐피털의 젠더 다양성과 성과〉라는 논문을 통해, 벤처캐피털의 경영진이라고 할 수 있는 파트너의 자녀 성별이 1990~2016년 사이의 채용 활동에 어떤 영향을 미쳤는지를 분석했습니다.[5]

[표 14-4 Ⓐ]를 보시죠. 파트너들의 전체 자녀 중 아들의 수가 딸의 수보다 많은 벤처캐피털의 여성 채용 비율은 8.93퍼센트였지만, 아들과 딸이 동수인 기업은 10.57퍼센트, 딸이 아들보다 많은 기업은 10.59퍼센트로 자녀 중 딸의 비중이 커질수록 여성 채용 비율도 높아졌습니다. 특히 핵심 의사결정자인 고위직 파트너의 자녀만을 대상으로 할 경우, [표 14-4 Ⓑ]에서 보듯이 여성 채용 비율은 각각 8.68퍼센

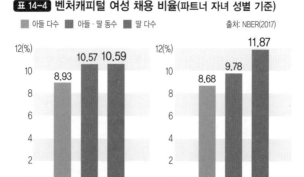

**표 14-4** 벤처캐피털 여성 채용 비율(파트너 자녀 성별 기준)

■ 아들 다수  ■ 아들·딸 동수  ■ 딸 다수    출처: NBER(2017)

Ⓐ 전체 파트너
- 8.93
- 10.57
- 10.59

Ⓑ 고위직 파트너
- 8.68
- 9.78
- 11.87

트(아들 다수), 9.78퍼센트(딸·아들 동수), 11.87퍼센트(딸 다수)로, 딸 효과
가 더욱 분명하게 나타났습니다.

　곰퍼스와 왕의 계산에 따르면, 파트너의 아들 한 명이 딸로 바뀔
경우 해당 벤처캐피털의 여성 채용 비율이 평균 24퍼센트 증가했습니
다. 이 효과는 고위직 파트너(28퍼센트)가 하위직 파트너(9퍼센트)보다 더
높았습니다. 또한 자녀의 나이가 12살 이하일 때 여성 채용 비율은 15
퍼센트 증가하지만, 12살 이상일 경우엔 증가율이 29퍼센트로 상대적
으로 높게 나타났습니다. 이는 딸이 청소년기에 본격적으로 성적 불평
등을 경험하게 되면서, 벤처캐피털 고위직에 있는 아버지의 근심이 더
커지기 때문이라 풀이됩니다. 벤처캐피털의 성과에 미치는 영향도 마
찬가지였습니다. 파트너의 아들 한 명이 딸로 대체될 경우, 거래 성공
확률은 10퍼센트 높아져 내부 수익률이 23퍼센트 증가했습니다. 딸
효과가 성적 평등뿐 아니라 기업 성과에도 긍정적이었던 것이지요.

입법부, 사법부, 대기업, 벤처캐피털 등 네 영역에서 의사결정자들이 딸을 키울 때 어떤 영향을 받는지를 최근 연구로 살펴보았습니다. 모든 연구는 남성이 주도하는 영역에서 아버지들이 딸을 키우면 젠더 이슈에 눈을 떠 점차 친여성적인 성향을 갖게 된다는 점을 일관되게 보여줍니다. 물론 미국 사회를 대상으로 삼았다는 한계는 있지만, 프랭크 위는 저자와의 전자우편 대화를 통해 중국에서도 흥미로운 딸 효과 연구가 진행 중이라고 알려왔습니다. 한국에서도 관련된 연구가 진행되었으면 좋겠습니다.

2016년 총선과 2017년 대선에서 유승민, 김부겸 등 유력 정치인의 딸들이 선거운동에 적극 뛰어들자, 이를 두고 일부 언론과 유권자들이 '국민 장인' 등의 신조어를 만들어 퍼뜨리는 일도 벌어졌습니다. 정치인의 딸이 아버지를 위해 선거운동에 나서는 일 자체를 무턱대고 흠잡을 순 없을 것입니다. 다만 정치인들도 우리 딸들이 살아갈 사회를 위해 어떤 정치를 할 것인지 보다 분명히 밝히고, 열심히 노력하는 모습을 보여주었으면 합니다. 평균의 법칙이 관철된다고 하더라도 항상 예외가 있기 마련이기에, 모든 딸들의 아버지가 성평등 문제에 팔을 걷어붙이고 나서는 건 아니라는 사실 또한 분명하기 때문입니다. 딸을 첫째 자녀로 둔 도널드 트럼프 대통령만 봐도 알 수 있습니다. 딸 이방카는 2016년 미국 대선 기간 중에 아버지 트럼프가 '페미니스트'라고까지 주장했으나, 정작 트럼프는 대통령 당선 후에 우리 시대의 대표적 마초로 맹활약 중이지 않습니까?

CHAPTER

# 15

맞벌이 심리

# 아내가 남편보다 더 벌면
# 이혼율이 높아질까

우리말에 남편을 '바깥양반', 아내를 '안사람'이라고 부르는 경우가 있습니다. 이는 남편이 집안을 대표하고 아내는 주로 집안에 머문다는 의미도 있겠지만, 그 근원을 살펴보면 '밖에 나가 돈을 벌어 가족을 경제적으로 부양하는 남편'과 '집안에서 육아와 가사 활동을 하는 아내'라는 전통적 역할 모델을 반영한 것입니다. 지금은 여성의 높은 교육 수준과 경제활동의 증가로 많이 바뀌었지만 이런 전통적인 관념은 여전히 뿌리가 깊습니다. 여기서는 부부간의 소득격차, 특히 아내의 소득이 남편의 소득을 넘어섰을 때 발생하는 여러 모습을 살펴보려고 합니다.

여론조사 및 분석으로 유명한 미국의 퓨리서치센터(Pew Research Center)가 남편과 아내의 상대소득 비중에 대한 역사적 변천을 정리했

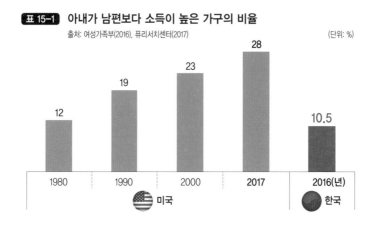

**표 15-1** 아내가 남편보다 소득이 높은 가구의 비율

출처: 여성가족부(2016), 퓨리서치센터(2017)  (단위: %)

| 28 | |
| 23 | |
| 19 | |
| 12 | | 10.5 |
| 1980 | 1990 | 2000 | 2017 | 2016(년) |
| 미국 | | | | 한국 |

는데요.[6] [표 15-1]을 보시죠. 남편보다 소득이 높은 아내의 비율은 1980년 12퍼센트에서 2017년 28퍼센트로 지속적으로 상승하고 있습니다. 한국의 경우 부부간 상대소득에 대한 조사가 축적된 것은 없고, 2016년 여성가족부에서 실시한 '양성평등 실태조사'를 통해 첫 통계가 작성되었습니다.[7] 한국에서 남편보다 소득이 높은 아내의 비율은 10.5퍼센트로 미국에 비해서는 꽤 낮은 편이지만 한국에서도 이 비율은 지속적으로 높아지고 있을 것으로 생각됩니다.

:: 남자는 높이고 여자는 낮추고 ::

아내의 소득이 가정경제에서 차지하는 비율은 높아지고 있지만, '돈을 버는 남편, 살림하는 아내'라는 관념은 미국에서도 여전히 뿌리가 깊습니다. 퓨리서치센터의 조사에 의하면 '경제적으로 부양하는 것은 좋은 남편이 되기 위한 중요한 요건이다'라는 문항에 대해 남녀 모두 70퍼센트 이상이 동의했지만, '경제적으로 부양하는 것은 좋은 아내가 되기 위한 중요한 요건이다'라는 문항에 대해서는 남성의 25퍼센트, 여성의 39퍼센트만이 동의했습니다.

남편이 가족의 주된 수입원이 되는 것이 자연스럽다고 생각하는 비율이 상당히 뚜렷한 것이죠. 이런 전통적인 관념이 야기하는 효과에 대해서 사회과학자들은 다각도로 살펴보았는데요. 미국 센서스국의 통계학자 마르타 머리클로스(Marta Murray-Close)와 미스티 헤게니스(Misty L. Heggeness)는 아내의 소득이 남편보다 높을 때 남편과 아내가 조사에 답변하면서 상이한 방식으로 거짓말을 하는 경향을 발견하여 2018년 〈남자는 높이고 여자는 낮추고: 아내가 수입이 더 많을 때 남편과 아내는 어떻게 답변하는가〉라는 논문으로 발표했습니다.[8]

이들은 2003~2013년 동안 미국 사회경제인구총조사에 응한 사람들의 소득에 대한 답변과, 사회보장 상세소득기록에 나타난 실제 소득을 비교하여 답변의 진실성을 검증하였습니다. [표 15-2]에서 세로축은 응답 소득과 실제 소득의 차이가 나는 비율로 양수이면 과장하여 답변하는 것이고, 음수이면 축소하여 답변하는 것입니다. 그리고 가로축은 소득분위로 왼쪽에 있을수록 저소득층이고 오른쪽에 있을수록 고소득층입니다. 우선 알 수 있는 것은 각 선이 모두 우하향하고 있는데, 이는 저소득층은 소득을 상대적으로 과장하고 고소득층은 상대적으로 은폐하려는 심리를 반영한 것입니다.

다음으로 남편의 소득이 더 높은 가정의 경우(실선) 남편과 아내의

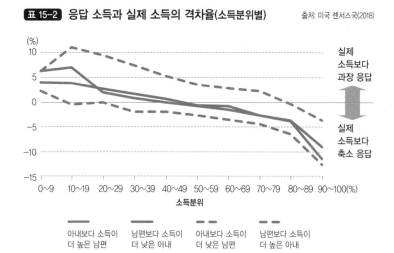

**표 15-2** 응답 소득과 실제 소득의 격차율(소득분위별)  출처: 미국 센서스국(2018)

아내보다 소득이 더 높은 남편

남편보다 소득이 더 낮은 아내

아내보다 소득이 더 낮은 남편

남편보다 소득이 더 높은 아내

보고 유형은 특별한 차이가 발견되지 않았지만, 아내의 소득이 더 높은 가정의 경우(점선) 남편과 아내의 반응은 뚜렷한 차이가 있었습니다. 남편은 최상위 소득 구간을 제외한 전 영역에서 소득을 과장하였고, 최상위 소득 구간에서도 축소하는 경향이 매우 적었습니다. 반대로 아내의 경우 최하위 소득 구간을 제외한 모든 영역에서 소득을 축소하였고, 최하위 구간에서도 과장하는 경향이 매우 낮았습니다. 조사에 응답할 때 아내와 남편 모두 '돈 버는 남편, 살림하는 아내'라는 전통적 관념에 영향을 받아, 아내가 남편보다 소득이 더 높을 경우 일반적이지 않은 상황이라고 느끼고 의식적 또는 무의식적으로 아내는 소득을 낮춰 보이려고 하고, 남편은 소득을 높게 보이려는 경향을 드러낸 것입니다.

**표 15-3** 아내의 소득 비중별 가구의 분포

출처: 퀄털리 저널 오브 이코노믹스(2015)

아내 소득이 가구 소득에서 차지하는 비중

앞의 연구가 조사 응답의 진위에 관한 것이라면, 시카고대학의 경제학자 마리안 베르트랑(Marianne Bertrand)과 동료들이 2015년 발표한 〈젠더 정체성과 가족 내 상대소득〉은 전통적인 관념이 실제 결혼 및 노동시장에 미치는 한층 실질적인 영향을 보여줍니다.[9] 이들은 1990~2004년 동안 서베이·사회보장·국세청(SIPP·SSA·IRS) 데이터를 종합하여 가구 소득 중 아내의 상대적 기여분을 계산한 뒤 그 분포를 20개 구간으로 나누어 살펴보았습니다. [표 15-3]의 가장 왼쪽 점은 아내의 소득이 5퍼센트 미만을 차지하는 가구의 비율이고, 가장 오른쪽 점은 아내의 소득이 95퍼센트 이상을 차지하는 가구의 비율입니다.

전체적으로 여성 소득이 남성 소득보다 낮기 때문에 대체로 이 곡선이 우하향하는 모습을 띠는 것은 당연한 일입니다. 그런데 중요한 것은 이 분포가 50퍼센트를 넘어서는 구간에서 단절되어 아래로 뚝 떨어지는 절벽의 모습을 보인다는 것입니다. 이는 아내의 소득이 남편의 소득을 넘어서는 구간에서 단절이 이루어진다는 것을 의미합니다. 그 이유는 결혼 시장에서 만난 남녀가 여성의 소득이 높을 경우 결혼으로 귀결되는 비율이 떨어지거나, 결혼 뒤 여성이 남편보다 많은 소득을 올리는 것을 피하는 경향 때문에 발생한 것입니다.

## :: 아내 소득이 늘면 이혼율도 늘어날까 ::

위스콘신대학 매디슨 캠퍼스의 사회학자 크리스틴 슈워츠(Christine R. Schwartz)와 펜실베이니아대학 사회학자 필라 고날론스폰스(Pilar Gonalons-Pons)는 남편과 아내의 상대소득이 이혼에 미치는 영향에 대해 심층 연구를 수행하여, 2016년 〈상대소득과 이혼의 추세: 아내의 수입이 남편보다 높은 경우 이혼 가능성이 커지는가〉라는 논문을 발표했습니다.[10] 이들은 1968~2009년간의 미국 소득조사를 이용하여 아내의 소득이 가구 소득에서 차지하는 비율에 따라 이혼 위험이 얼마나 커지는가를 조사하였는데, 그 결과를 1968~1979년과 1990~1999년의 두 구간으로 구분하여 [표 15-4]에 표시했습니다.

1970년대에는 아내의 소득이 남편의 소득보다 높을 경우(아내의 상대소득이 50퍼센트 이상), 그렇지 않은 경우보다 이혼 위험이 크지만, 1990년대에는 그런 경향이 사라졌습니다. 그리고 두 기간 모두 아내의 소득이 매우 높을 경우(아내의 상대소득이 70퍼센트 이상)에는 남편의 소득이 매우 높을 경우(아내의 상대소득이 20퍼센트 이하)와 마찬가지로 오히려 이혼 위험이 낮아지는 것을 알 수 있습니다. 슈워츠 교수에 의하면 이러

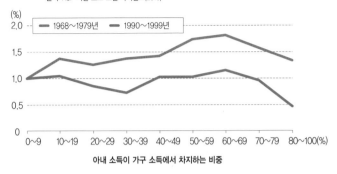

**표 15-4** 아내의 소득 비중별 이혼 위험도

출처: RSF 저널 오브 소셜 사이언스(2016)

아내 소득이 가구 소득에서 차지하는 비중

한 현상은 배우자 중 한 명이 장애인이 되거나 일시 해고되는 경우와 같이 상대에게 의존해야 하는 사정이 발생할 경우 이혼 위험이 오히려 낮아지는 현상과 유사성을 가진다고 합니다. 여성의 높은 소득이 결혼에는 영향을 미치지만 일단 결혼하면 이혼에 미치는 영향이 사라진다는 것은 그나마 바람직한 일이라고 해야겠죠.

아쉽게도 한국에서는 아내와 남편의 상대소득 비중에 따른 여러 사회적 현상을 본격적으로 분석한 연구는 거의 없는 것 같습니다. 하지만 한국의 경우 유교의 영향 등으로 남성은 돈을 벌고, 아내는 집안일을 하는 것이 바람직하다는 전통적 세계관이 아직까지 강한 편입니다. 실제 네이버나 다음에서 '경제적 무능력과 이혼 사유'라는 항목으로 검색을 하면 블로그나 카페의 질의답변 글이 많이 뜨는데, 거의 대부분이 '경제적으로 무능력한 남편, 이혼 사유가 될까요?'와 같은 질문이 많지, 아내의 경제적 무능력에 대한 글은 거의 없습니다. 물론 우리 법은 남편이든 아내든 경제적 무능력 자체를 이혼 사유로 인정하지 않습니다.

앞으로도 아내의 소득이 가정경제에서 차지하는 비중은 지속적으로 늘어날 텐데, 이것은 양성평등의 관점, 인적자원의 효율적 사용이라는 측면 등 여러 점에서 바람직한 일이기도 합니다. 그렇다면 이런 추세에 맞서지 말고 자연스럽게 받아들이는 태도가 남녀 모두에게 필요한 것 같습니다. 제 아내가 옆에서 한마디 보태네요. '아내보다 돈을 더 많이 벌어야 한다'는 강박을 벗어나는 것만큼이나, '아내가 집안일을 더 하는 것이 당연하다'는 시대착오적인 생각을 던지는 것도 중요하다고 말입니다. 맞습니다. 오늘날 '돈 버는 바깥양반, 살림하는 안사람'이라는 생각은 양쪽 모두에게 극복해야 할 시대착오적 관념임이 분명해보입니다.

# 능력과 자격 없는
# 여성들의 권력욕인가

지난 2018년 지방선거는 여야 간의 팽팽한 접전이라기보다는 다소 일방적인 양상을 띠어 전체적으로 관심이 높지 않았습니다. 하지만 성평등과 관련된 두 가지 사건이 제법 화제가 됐습니다.

첫째는 시도지사 후보 17명 전원이 50대 이상 남성으로 구성된 집권 여당의 공천 명단이었습니다(두 번째 사건은 글 말미에 말씀드리겠습니다). 이것이 발표되자 여러 여성단체들은 "더불어민주당은 남성과만 더불어 갈 것이냐"고 강하게 비판했습니다. 그런데 다른 주요 정당들의 모습도 다르지 않아서 광역자치단체장 여성 후보가 자유한국당은 세종특별자치시 한 명, 정의당은 부산광역시 한 명뿐이었고, 바른미래당 역시 한 명의 여성 후보도 없었습니다. 기초단체장이나 지방의회 의원 후보도 압도적 다수가 남성이었습니다.

## :: 한국의 의회에선 여성을 찾아볼 수 없다 ::

사실 여성의 정치 참여가 낮은 것은 세계적인 현상입니다. 유엔에 의하면 2017년 1월 1일 기준으로 여성 정치인은 국가수반 중 5.7퍼센트, 장관 중 18.2퍼센트였습니다. 국회의원(단일 의회 및 양원제의 하원)은 23.4퍼센트가 여성이었는데 1995년 11.3퍼센트에 비하면 진일보한 것이지만 증가 속도는 매우 느린 것으로 평가받고 있습니다.

[표 16-1]에서 보시는 것처럼 여성의 국회 진출은 국가별로도 편차가 커서, 북유럽 국가들이 41.7퍼센트로 가장 높았고, 아시아와 아랍 지역은 각각 19.6퍼센트와 18.9퍼센트로 낮은 편이었습니다. 한국은 유감스럽게도 17퍼센트로 매우 낮아서 전체 193개국 중 116등이었습니다. 주요 국가 중 우리보다 여성 의원 비율이 낮은 국가는 러시아(15.8퍼센트)와 일본(9.3퍼센트) 정도입니다.

여성의 정치 참여를 높이는 정책 수단이 여럿 있는데, 그중 대표적인 것이 여성정치할당제입니다. 국가별로 방식은 조금씩 다르지만 의회의 여성 비율을 높이기 위해 일정 비율의 후보자 또는 당선자를 여성에게 할당하는 제도입니다. 여성정치할당제는 1970년대 북유럽에서 처음 도입된 후 확산되어 지금은 100여 개국에 도입됐습니다. 한국은 2000년 정당법에 국회와 광역의회 비례대표 중 여성 비율을 30퍼센트 이상으로 할 것을 권고하는 규정이 도입된 후, 지금은 비례대표 명부의 50퍼센트 여성 할당과 남녀 후보를 홀짝으로 교차시키는 제도(교호순번제), 여성 후보추천 보조금 지원 등으로 확대 발전했습니다.

(단위: %)

아이슬란드
48

멕시코
43

에콰도르
38

볼리비아
53

**표 16-1**

**국가별 여성 의원 비율**

출처: 세계은행, 전미경제학회

　여성정치할당제는 직접적으로 여성의 정치 진출을 강제한다는 점에서 상당한 효과가 있습니다. 한국의 경우 2000년 16대 총선 결과 여성 의원 비율이 5.9퍼센트였던 것에서 2004년 17대 총선에서는 13퍼센트로 두 배 이상 늘었습니다. 이 효과는 전 세계적으로도 발견됩니다. 미국 밴더빌트대학의 어맨다 클레이턴(Amanda Clayton)과 스웨덴 웁살라대학의 페르 세테르베리(Pär Zetterberg) 교수는 1995~2012년 사이에 여성정치할당제를 도입한 65개국의 여성 의원 비율을 추적해서 2018년 〈할당제 충격: 세계의 성별 정치할당제와 정부 지출 변화〉라는 논문을

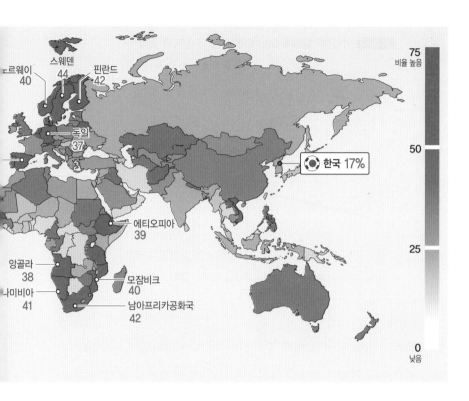

발표했습니다.[11] [표 16-2]를 보면 여성정치할당제가 도입된 직후에 여성 비율이 큰 폭으로 늘어나고 그 효과가 지속되는 것을 확인할 수 있습니다.

:: 능력 있는 남자보다 그저 그런 여성을 뽑는다? ::

이렇게 성별할당제가 여성 의원 비율을 높인 것은 분명하지만 이에 대한 반대와 우려도 상당합니다. 그중 대표적인 것이 선거에서 여

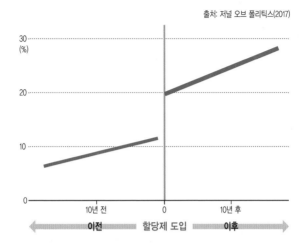

**표 16-2** 여성정치할당제 도입 전후 여성 의원 비율 변화

출처: 저널 오브 폴리틱스(2017)

성을 체계적으로 남성에 비해 우대하는 것은 기회의 균등, 능력주의 및 민주주의의 원칙을 훼손한다는 것입니다. 할당제 도입에 의해 자격을 갖춘 남성 정치인이 의회에 진출하지 못하고, 자격 없는 '그저 그런' 여성 정치인이 선출되는 것에 대한 걱정입니다. 이것은 사실 선거 이외에 기업 이사회, 교수 선임, 학생 선발 등 각 영역에서 여성에 대한 적극적 조치를 도입할 때면 항상 제기되는 문제입니다. 특히 선거는 자유민주주의의 근간이 되는 제도이기 때문에 이런 우려를 쉽게 일축할 수는 없습니다.

런던정경대학의 경제학자 티머시 베슬리(Timothy Besley) 교수가 이끄는 팀은 2017년 〈성별할당과 그저 그런 남성의 위기〉라는 논문에서 스웨덴의 여성정치할당제 효과를 분석해 흥미로운 반론을 제시했습니다.[12] 스웨덴 지방선거는 전원을 비례대표제로 선출하는데, 1993년 스웨덴 사민당은 자발적으로 남녀를 각각 50퍼센트로 할당해 교호순번제로 공천하기로 결정했습니다. 당연히 당내에서 찬반양론이 격렬하게 부딪혔는데, 모든 남성이 동일하게 반대한 것은 아니었습니다. 사민당 여성위원회는 탁월하지 못한 남성 정치인들이 주로 반대한다고 생각해 이를 '그저 그런 정치인들의 위기감'이라고 표현했습니다.

스웨덴 사민당의 여성정치할당제 도입으로 지방의회에서 사민당 여성 의원들의 비율은 대략 10퍼센트 정도 상승하게 되었는데, 그것보다 더 흥미로운 점은 여성정치할당제 도입 이후 의원들의 자질이 하락하리라 걱정했던 것과 반대로 오히려 상승한 것입니다. 도대체 이들은 어떻게 분석한 것일까요? 우선 의원들의 자질을 측정하는 지표로, 동일지역·동일학력·동일연령·동일직업에 종사하는 후보들의 상대적 소득을 비교해 소득이 높을수록 자질이 높다고 판단했습니다. 스웨덴 지방의회 의원들은 대부분 의원직 외에 별도 직업에 종사하고 있고, 소득이 공개되어 있습니다. 그리고 여성정치할당제 도입 이전에는 각 지역별 여성 의원의 비율이 천차만별이었습니다. 거의 전원이 남성이었던 지역도 있고, 대략 절반 정도 여성이 이미 진출한 지역도 있었습니다. 그래서 여성정치할당제 도입 효과를 지역별로 비교할 수 있었죠.

당선자들을 자질에 따라 능력 있는 후보와 그저 그런 후보의 두 그룹으로 나누어 당선자 중 능력 있는 의원의 비율을 여성정치할당제가 도입되기 직전인 1991년과 비교한 상대값이 [표 16-3]에 표시되어

**표 16-3** 여성할당제가 스웨덴 지방의회 당선자 자질에 미친 효과

출처: 아메리칸 이코노믹 리뷰(2017)

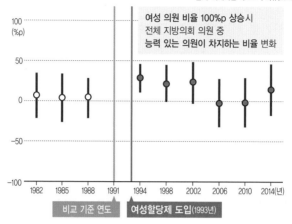

여성 의원 비율 100%p 상승시
전체 지방의회 의원 중
능력 있는 의원이 차지하는 비율 변화

비교 기준 연도    여성할당제 도입(1993년)

있습니다. 이것을 보시면 여성정치할당제 도입 후에 의원들의 자질은 대체로 그전에 비해 상승했음을 알 수 있습니다. 그 외에도 이들의 분석에 의하면 여성정치할당제로 인해 여성 정치인의 비율이 평균 10퍼센트 상승할 때 남성 의원들의 자질이 3퍼센트 올라갔다고 합니다.

물론 이 논문만으로 여성정치할당제가 전반적으로 정치인의 자질을 높인 것이 입증되었다고 주장하는 것은 무리가 있습니다. 정치인의 자질을 측정하는 지표를 더 정교화하고, 스웨덴 이외의 여러 나라에서 각국별로 여성정치할당제의 효과가 어떻게 나타나는지도 살펴볼 필요가 있을 것입니다. 그렇지만 여성정치할당제가 의원 자질에 미치는 효과에 대한 실증 연구가 별로 없었던 상황에서 선입견과 반대되는 효과를 발견하면서 국제적으로 상당한 파장을 일으켰습니다.

## :: 제도는 만들었는데 써먹지를 못하다 ::

2018년 한국의 지방선거에서 화제가 되었던 두 번째 사건을 말씀드릴 때가 된 것 같습니다. 서울시장에 출마한 페미니스트 여성 후보의 포스터 사진에 대해 한 인권변호사가 "1920년대 이른바 계몽주의 모더니즘 여성 삘이 나는 아주 더러운 사진을 본다. 개시건방진. 나도 찢어버리고 싶은 벽보다"라는 평을 페이스북에 올려서 큰 물의를 일으켰습니다. 다행히 이 변호사가 사과문을 페이스북에 올렸지만, 서울 시내 여러 곳에서 페미니스트 후보의 포스터가 훼손됐다고 합니다.

영국 퀸메리대학의 피터 앨런(Peter Allen)과 버밍엄대학의 데이비드 커츠(David Cutts) 교수가 2018년에 발표한 〈성별할당제는 여성 정치지도자에 대한 지지에 어떤 영향을 미쳤는가〉라는 논문에 의하면, '남성이 여성보다 정치지도자로 더 적합하다'는 주장에 동의하지 않는 비율이 한국의 경우 45퍼센트에 불과해서 연구 대상인 48개 민주주의 국가 중 37등이었습니다.[13] 심지어 교호순번제 규정을 교묘하게 피하기 위해서 일부 정당에서는 당선 이후 사퇴를 약속받고 여성 후보를 공천 명단에 올린 사례도 있다고 합니다. 아마도 이런 여러 사회문화적 특성들 때문에, 한국은 여성정치할당제 도입에도 불구하고 여전히 여성의 정치 참여가 낮은 수준에 머물고 있는 것이라고 생각합니다. 여성정치할당제의 제도적 도입에 안주하지 말고, 각 정당은 최선의 여성 후보를 찾아서 공천하려고 노력하고, 학자들은 창의적인 방법으로 여성정치할당제의 여러 효과를 실증할 필요가 있을 것 같습니다.

# CHAPTER 17

유리천장

# 여성이 고위직에 오를수록
# 조직은 성과를 낸다

3월 8일은 유엔이 공식 지정한 세계 여성의 날입니다. 하지만 요즘에는 마냥 축하하고 기뻐하는 자리가 되기는 어려운 것 같습니다. 한국뿐 아니라 세계적으로 벌어지는 '미투(#MeToo)' 운동을 통해 드러난 여성 억압의 민낯은 여전히 갈 길이 험난하다는 것을 보여주고 있습니다. 여성에 대한 차별은 많은 분들이 상당한 발전을 이루었다고 생각하는 경제적 측면에서도 여전히 지속되고 있습니다.

우리에게 다보스 포럼으로 잘 알려진 세계경제포럼은 2006년부터 매년 '글로벌 젠더 격차 보고서'를 발간해오고 있습니다. 2017년 말 발간된 보고서에 의하면 젠더 격차가 오히려 확대되었으며, 특히 경제적 영역은 2008년 이후 최하 수준으로 하락해 이 추세대로 간다면 경제적 영역의 격차 해소에 무려 217년(!)이 걸릴 것이라고 합니다.[14] 특히 한국은 조사 대상 144개국 중에서 118등으로 고소득 국가 가운데 일본(114등)과 함께 이례적으로 최하위권에 속하고 있습니다. 물론 이 지표의 적절성을 두고선 의문이 제기되기도 합니다. 하지만 대상을 OECD 회원국으로 한정해서 보면 여러 기관의 다양한 젠더 격차 지표에서 공통적으로 한국이 최하위로 나타나는 것을 볼 때 변명의 여지가 있어 보이지는 않습니다.

:: 한국, 이사회 여성 비율 최하위 ::

[표 17-1 Ⓐ]는 《이코노미스트》가 OECD 국가를 대상으로 산정한 '유리천장 지수'로 노동 참여, 승진, 보수 등 경제적 측면에서 여성의 지위를 측정한 것입니다.[15] 숫자가 높을수록 남녀 간 평등에 가깝습니다. 한국은 2013년 첫 발표 이후 단 한 차례의 예외도 없이 꼴찌였습니다. [표 17-1 Ⓑ]는 OECD에서 정리한 성별 임금격차로, 숫자가 높을수록 불평등하다는 뜻입니다. 역시 한국의 격차가 가장 심각합니다.[16]

성별 임금 격차엔 여러 이유가 있습니다. 여성의 노동시간이 상대적으로 짧아서일 수도 있고, 동일노동에 대한 성별 임금차별이 배경일 수도 있습니다. 하지만 표에서 제시된 OECD의 임금 격차는 각국의 전일제 남녀 노동자의 중위 임금을 비교한 것이므로, 단지 노동시간 차이가 주된 요인은 아닐 듯합니다. 그리고 한국은 제도적으로는 '남녀고용평등법' 등에서 차별을 금지하고 있어, 동일노동에 대한 성별 임금차별이 매우 광범위하게 퍼져 있으리라고 생각되지는 않습니

## 표 17-1 OECD 국가별 젠더 격차

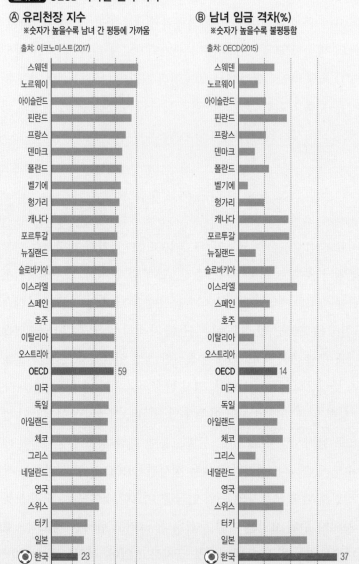

### ⓐ 유리천장 지수
※숫자가 높을수록 남녀 간 평등에 가까움

출처: 이코노미스트(2017)

|  |  |
|---|---|
| 스웨덴 | |
| 노르웨이 | |
| 아이슬란드 | |
| 핀란드 | |
| 프랑스 | |
| 덴마크 | |
| 폴란드 | |
| 벨기에 | |
| 헝가리 | |
| 캐나다 | |
| 포르투갈 | |
| 뉴질랜드 | |
| 슬로바키아 | |
| 이스라엘 | |
| 스페인 | |
| 호주 | |
| 이탈리아 | |
| 오스트리아 | |
| OECD | 59 |
| 미국 | |
| 독일 | |
| 아일랜드 | |
| 체코 | |
| 그리스 | |
| 네덜란드 | |
| 영국 | |
| 스위스 | |
| 터키 | |
| 일본 | |
| 한국 | 23 |

### ⓑ 남녀 임금 격차(%)
※숫자가 높을수록 불평등함

출처: OECD(2015)

|  |  |
|---|---|
| 스웨덴 | |
| 노르웨이 | |
| 아이슬란드 | |
| 핀란드 | |
| 프랑스 | |
| 덴마크 | |
| 폴란드 | |
| 벨기에 | |
| 헝가리 | |
| 캐나다 | |
| 포르투갈 | |
| 뉴질랜드 | |
| 슬로바키아 | |
| 이스라엘 | |
| 스페인 | |
| 호주 | |
| 이탈리아 | |
| 오스트리아 | |
| OECD | 14 |
| 미국 | |
| 독일 | |
| 아일랜드 | |
| 체코 | |
| 그리스 | |
| 네덜란드 | |
| 영국 | |
| 스위스 | |
| 터키 | |
| 일본 | |
| 한국 | 37 |

다. 그렇다면 주된 이유는 여성이 남성에 비해 소득이 높은 직종과 직위에서 배제되는 게 아닐까 싶습니다. 이러한 방식의 배제는 명시적이지 않으므로 차별을 인식하기 쉽지 않은, 보이지 않는 장벽입니다. 그런 점에서 여성의 발전을 가로막는 '유리천장'이라는 표현은 적절해보입니다.

한국에서는 하위 직급의 경우 여성이 거의 절반을 차지하지만 직급이 오를수록 여성의 비율은 뚜렷하게 낮아집니다. 한국은 공직 최종단계인 고위공무원에 이르면 여성 비율이 5퍼센트에 불과하고 기업 이사회의 여성 이사 비율은 2퍼센트대로 OECD는 물론이고 세계적으로도 최하위권입니다. 더군다나 여성 이사 중 절반 정도는 기업 소유주의 배우자나 딸로, 여성이 오직 능력을 인정받아 이사회에 진출하는 비율은 고작 1퍼센트대에 불과한 실정입니다.

## :: 여성 고위공무원이 늘자 정부가 달라졌다 ::

유리천장은 여성에게 차별로 작용할 뿐만 아니라 기업에도 좋지 않은 영향을 미치는 것으로 보입니다. 글로벌 금융기관인 크레디트스위스(Credit Suisse)가 2016년 전 세계 3,000개 대기업을 대상으로 여성 경영자가 기업 성과에 미치는 영향을 방대하게 조사하여 보고서를 발표했습니다.[17] 조사 대상 기업의 고위급 임원에서 여성이 차지하는 비율이 '15퍼센트 이상인 기업'과 '10퍼센트 이하인 기업'으로 나눠 비교하면, 여성 임원 비중이 높은 기업이 낮은 기업에 비해 주가순자산비율

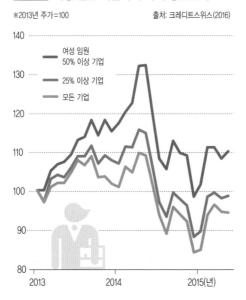

**표 17-2** 여성 임원 비율과 주가의 상관관계

※2013년 주가=100

출처: 크레디트스위스(2016)

에선 3퍼센트, 자기자본이익률에선 18퍼센트의 프리미엄을 누리고 있었습니다.

[표 17-2]는 2013년 이후 주가 변동을 정리한 것입니다. 고위급 임원 중 여성 비율이 높은 회사가 그렇지 않은 회사에 비해 주가가 상대적으로 높게 유지되는 사실을 분명하게 확인할 수 있습니다. 하지만 이처럼 여성 임원 비율과 기업 성과 사이엔 상관관계가 있지만, 이것이 인과관계인지에 대해서는 설이 분분합니다. 여성 임원 비율이 높아져 회사의 성과가 좋아진 것인지, 아니면 성과가 좋은 회사가 적극적으로 경영진의 다양성을 확대해 나간 것인지가 불명확하다는 얘기

지요. 앞으로 경제학자들의 본격적인 연구가 쌓이면 좀 더 확실해지겠으나 현재 단계에서도 여러 보고서에서 유사한 관계가 공통적으로 발견되고 있고 한국은 여성 임원 비율이 너무나 낮은 수준이므로 여성 임원 확대가 기업 성과에 긍정적 영향을 미치리란 것은 분명해보입니다.

다음은 여성 공직자에 대해서 살펴보겠습니다. 서울대학교 행정대학원 권일웅 교수와 대학원생 권혜연 씨는 98개 국가의 여성 공무원과 정부의 질 사이의 관계를 분석해서 2017년 〈여성 공무원이 정부의 질에 미치는 영향〉이라는 논문을 발표했습니다.[18] 이 연구에 의하면 여성 고위 공무원이 증가할 때 공정성·투명성·부패·효율성 등 네 측면 모두에서 정부의 질에 긍정적 효과를 가져다주었습니다.

이런 여러 가지 이유로 각국 정부는 공공과 민간 두 영역에서 유리천장을 제거하려는 노력을 펴고 있습니다. 그중에서 최근 몇 년간 크게 주목받은 것은 이사회의 여성 참여 확대였습니다. [표 17-3]은 세계 최대의 의결권 자문기관인 ISS(Institutional Shareholder Service)가 발표한 여성 이사회 참여에 대한 나라별 규제 현황을 정리한 것입니다. 첫 번째 범주는 규제가 없는 국가들입니다.[19] 한국·일본·미국 등이 여기에 해당합니다(다만 미국은 캘리포니아나 매사추세츠 등 주 정부 차원에서 이사회의 여성 참여를 유도하는 정책을 도입하고 있으므로 우리보다는 앞서가고 있다고 볼 수 있습니다). 두 번째 범주는 다소 약한 방식의 규제를 채택한 국가들입니다. 영국 정부는 2011년 런던증권거래소에 상장된 100대 기업에게 2015년까지 이사회 여성 비율을 25퍼센트까지 끌어올리도록 권고했

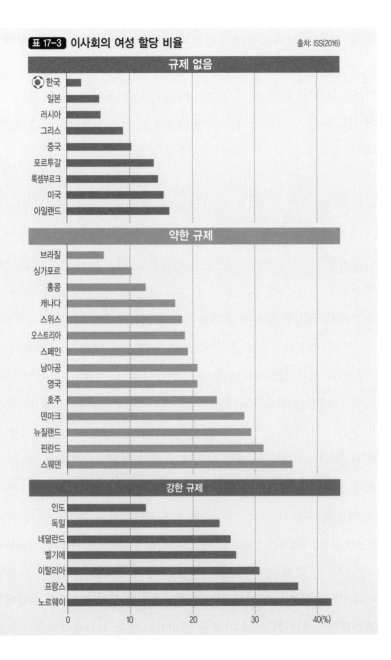

**표 17-3** 이사회의 여성 할당 비율

출처: ISS(2016)

**규제 없음**

- 한국
- 일본
- 러시아
- 그리스
- 중국
- 포르투갈
- 룩셈부르크
- 미국
- 아일랜드

**약한 규제**

- 브라질
- 싱가포르
- 홍콩
- 캐나다
- 스위스
- 오스트리아
- 스페인
- 남아공
- 영국
- 호주
- 덴마크
- 뉴질랜드
- 핀란드
- 스웨덴

**강한 규제**

- 인도
- 독일
- 네덜란드
- 벨기에
- 이탈리아
- 프랑스
- 노르웨이

0    10    20    30    40(%)

습니다. 기업이 이를 따를 법적 의무는 없지만, 목표를 달성하지 못할 경우 정부에 소명을 해야 했는데 목표 시점보다 1년 늦은 2016년에 해당 기업 모두 이 기준치에 도달했습니다. 자신감이 붙은 영국 정부는 2020년까지 350대 기업에 대해서 이사회 여성 비율을 33퍼센트로 끌어올리겠다는 새로운 목표를 정하고 추진 중입니다.

마지막으로 세 번째 범주는 이사회의 여성 할당 비율을 법으로 규정하는 등 엄격한 규제를 도입한 국가들입니다. 노르웨이가 효시입니다. 노르웨이는 2006년 이사회에 40퍼센트 성별 쿼터를 도입했고, 그 이후 유럽을 중심으로 여러 나라에서 유사한 제도가 확산됐습니다. 인도는 이사회에 최소한 한 명의 여성이 반드시 참여하도록 규정하고 있습니다.

이처럼 이사회에 여성 참여를 확대하려는 노력은 여러 나라에서 진행 중이고, 정부의 노력이 있는 경우와 없는 경우에 따른 이사회 여성 비율 차이도 상당합니다. 이제 우리도 이사회에 여성 참여를 높이는 방안을 적극적으로 고민해야 할 때라고 생각합니다. 한국의 이사회 여성 참여율이 세계 최하위 수준이라는 사실을 고려하면 그 필요성은 매우 커 보입니다.

## :: 일상 속에 뿌리내린 유리천장 ::

유리천장이 정부나 대기업만의 문제도 아니고, 공식적인 제도 개선만이 그 해결책인 것도 아닙니다. 여러 연구에 의하면 유리천장은 우리의 일상에서도 꽤 광범위하게 영향을 미치고 있습니다. 시카고대학과 싱가포르국립대학의 경제학자들은 이와 관련해서 2015년 〈젠더 정체성과 가족 내 상대 소득〉이라는 흥미로운 분석 결과를 발표한 바 있습니다.[20] 미국 부부를 대상으로 배우자 간 상대 소득을 조사했더니, 예상대로 남편의 소득이 높은 경우가 더 많았습니다. 하지만 그보다 더 놀라운 사실은 남편이 아내보다 약간 더 버는 경우는 매우 많았으나, 반대로 아내가 남편보다 약간 더 버는 경우는 이례적으로 적었다는 점입니다.

연구팀은 교육, 직업 등을 고려할 때 아내가 의도적으로 남편보다 적게 벌려는 행동을 한다는 사실을 실증했습니다. 아내는 남편보다 더 많이 벌 기회가 있더라도 아예 취업을 하지 않거나 노동시간을 줄여 대응하는 경우가 꽤 있었습니다. 남편보다 아내가 더 높은 급여를 받을 수 있다면 아내의 노동시간을 늘리고 남편은 노동시간을 줄여 가사에 더 많은 시간을 쓰는 것이 당연히 '합리적' 행동입니다. 하지만 '남편이 아내보다 더 벌어야 한다'는 고정관념이 남편과 아내 모두에게 자리 잡고 있는 탓에 아내가 소득이 높을 경우 남편은 불편해하고 아내는 미안함을 느껴 오히려 아내가 가사에 쓰는 시간이 더 늘어날 수도 있다고 합니다.

또한 시카고대학의 경제학자 리어나도 버스틴(Leonardo Bursztyn) 교수가 프린스턴대학과 하버드대학의 경제학자들과 함께 경영대학원 MBA 과정을 다니는 여학생들을 상대로 수행한 연구도 흥미롭습니다.[21] 이들이 2017년 발표한 〈아내처럼 연기하기: 결혼시장 인센티브와 노동시장 투자〉라는 논문에 의하면, 미혼 여학생들은 시험이나 숙제성적에 있어서는 기혼 여학생과 아무런 차이가 없었으나 사례연구 경쟁 등 공개된 참여형 과제에선 기혼 여학생에 비해 성적이 낮았다고 합니다. 미혼 여학생들의 경우, 능력과 야망이 시험이나 숙제로는 주변에 잘 드러나지 않지만 공개 참여형 과제에서는 모두에게 드러나게 되므로 동료 남학생(연인 또는 배우자 후보)에게 나쁜 신호를 줄 것을 우려했기 때문이라고 합니다. 기혼 여학생들은 이런 시그널 효과를 고려할 필요가 없었고, 남학생들은 시험이든 공개 참여형 과제든 모두 미혼과 기혼 간의 차이를 보이지 않았다고 합니다.

더 나아가 연구자들은 학생들을 대상으로 학교 경력개발센터에 본인의 희망 연봉, 노동시간, 포부 등을 등록하게 하면서 절반의 학생들에게는 그들이 작성한 내용을 경력개발센터 가이드만 볼 것이라고 알려줬고, 다른 절반의 학생들에게는 가이드뿐 아니라 다른 학생들도 회람할 것이라고 했는데, 결과는 놀라웠습니다. 남학생 및 기혼 여학생들의 경우 회람 공개를 기준으로 나눈 두 그룹이 전혀 차이를 보이지 않았습니다. 그런데 미혼 여학생들의 경우, 가이드만 회람하는 그룹에 비해 다른 학생들도 함께 회람하는 그룹은 희망 연봉을 평균 1만 8,000달러 낮추었고 희망 주당 노동시간도 네 시간 줄였습니다. 이런 사실을 놓고 보면 유리천장은 우리의 일상 의식 속에도 뿌리 깊게 존재하고 있는 것 같습니다. 유리천장이란 법과 제도만으로 바꿀 수는 없는 것이고, 남성과 여성 모두가 일상에서 의식적으로 노력해야만 극복할 수 있다고 생각합니다.

나아가 유리천장을 깨는 것은 단순히 경제적 영역의 정의로움을 넘어서 직장 내 권력 관계와 문화에도 큰 영향을 미치고 성폭력을 줄이는 하나의 방법입니다.

# CHAPTER
# 18

**아빠 육아할당제**

# 아빠에게
# 육아휴직을 강제하라

고령화가 급속하게 진행되면서 전체 인구에서 취업자의 비중이 낮아지는 것에 대한 우려가 커지고 있습니다. 이에 정년을 연장하는 방식으로 어르신들의 취업률을 높이는 것부터 이민 수용을 확대하는 것까지 여러 정책이 모색되고 있는데, 저는 그중에서 가장 시급하고 효과적인 것은 여성의 경제활동 참여를 늘리는 것이라고 생각합니다.

[표 18–1]에 주요국의 여성 경제활동 참가율을 표시해두었는데요. 2017년 한국 여성의 경제활동 참가율은 59퍼센트로 OECD 국가 가운데 끝에서 5등입니다. 우리보다 낮은 국가는 터키(38퍼센트), 멕시코(47퍼센트), 이탈리아(56퍼센트), 칠레(57퍼센트)로 다들 경제 사정이 좋지 않은 국가입니다. 반면 북유럽 국가들은 아이슬란드(86퍼센트), 스웨덴(81퍼센트), 덴마크(76퍼센트), 노르웨이와 핀란드(75퍼센트)까지 한결같이 여성의

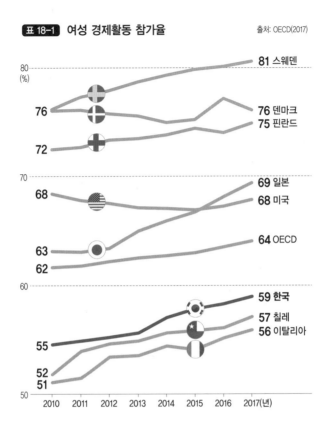

**표 18-1** 여성 경제활동 참가율    출처: OECD(2017)

- 81 스웨덴
- 76 덴마크
- 75 핀란드
- 69 일본
- 68 미국
- 64 OECD
- 59 한국
- 57 칠레
- 56 이탈리아

경제활동 참가가 매우 높습니다. 남녀 고용률 격차를 보시면 이 차이가 더 분명하게 드러나는데요. 여성의 경제활동 참가율이 낮은 국가는 모두 여성 고용률이 남성에 견줘 뚜렷이 낮은 국가들이고, 반대로 북유럽 국가는 남성과 여성의 고용률 차이가 거의 없습니다. 한국은 이 격차가 19퍼센트 포인트로 OECD 국가 중 네 번째로 차이가 큰 국가입니다.

한국의 여성은 교육 수준에서 남성에 비해 전혀 뒤떨어지지 않을 뿐만 아니라, 공무원 임용시험 등 각종 시험에서도 상위 합격자들의 여성 비율이 매우 높은 것으로 볼 때 여성의 능력이 부족해서 경제활동 참가가 적은 것은 아닌 것 같습니다. 그렇다면 이유는 무엇일까요?

## :: 쓸 수는 있지만 막상 쓰기는 부끄러운 그것 ::

여기서 제 개인적인 경험을 들려드리겠습니다. 10여 년 전 저는 글로벌 컨설팅 기업에서 일을 하면서, 신입·경력 컨설턴트 채용 과정에 참여한 적이 있었는데요. 지원 서류를 살펴보고 면접을 해보면 여성 지원자들이 남성 지원자들에 비해 전혀 손색이 없었습니다. 대학과 대학원 시절 성적도 좋고, 외국어 구사능력이나 관련 자격증도 충분하고, 자신의 의견을 조리 있게 전달하는 능력도 뛰어났습니다. 그런데 그 시절 여러 컨설팅 회사의 파트너들과 얘기를 나눠보면, 여성 지원자를 뽑을 경우 결혼과 출산 뒤 회사를 그만두지 않을까, 육아를 위해 장기간 일을 떠나지 않을까 하는 걱정이 많았습니다. 부끄러운 일이지만 '당장 먹기에 곶감이 달다'고, 저도 이런 생각 자체를 떨치기 쉽지 않더군요. 글로벌 회사들은 젠더 측면에서 공정한 고용이라는 원칙을 강하게 고수하고 있었기 때문에 큰 차별은 없었지만 그래도 그 시절 경험을 떠올리면 얼굴이 화끈거리기도 하고, 또 뭔가 제도적 보완책이 필요하지 않을까 하는 생각이 듭니다.

그런데 보육에서 남성과 여성에 대한 법률지원의 형식적 요건을

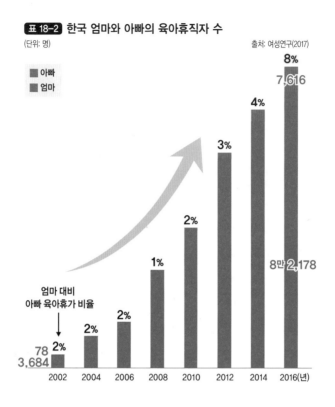

**표 18-2** 한국 엄마와 아빠의 육아휴직자 수

(단위: 명)

출처: 여성연구(2017)

- ■ 아빠
- ■ 엄마

엄마 대비
아빠 육아휴가 비율

| | | | | | | | | |
|---|---|---|---|---|---|---|---|---|
| | | | | | | | 8% | |
| | | | | | | | 7,616 | |
| | | | | | 4% | | | |
| | | | | 3% | | | | |
| | | | 2% | | | | | |
| | 1% | | | | | | | |
| 2% | 2% | 2% | | | | | 8만2,178 | |
| 78 2% | | | | | | | | |
| 3,684 | | | | | | | | |
| 2002 | 2004 | 2006 | 2008 | 2010 | 2012 | 2014 | 2016(년) | |

살펴보면 한국은 특별히 문제가 있는 나라는 아닙니다. 출산과 양육 전후의 유급 휴가와 휴직을 보면 엄마에게 부여되는 모성휴가(maternity leave: 여성 출산휴가), 아빠에게 부여되는 부성휴가(paternity leave: 남성 출산 휴가), 엄마와 아빠가 선택적으로 쓸 수 있는 부모휴가(parental leave: 육아 휴직)로 구분할 수 있습니다. 그런데 부성휴가와 부모휴가를 제공하지 않는 국가가 상당수입니다. 미국은 두 가지를 다 제공하지 않고 있고, 영국과 칠레 등은 짧은 부성휴가만 제공할 뿐 아빠가 쓸 수 있는 부모

휴가는 없습니다. 한국은 엄마가 모성휴가 3개월과 부모휴가 1년(선택)을 사용할 수 있고, 아빠는 부성휴가 10일과 부모휴가 1년(선택)을 사용할 수 있어 형식적 요건으로는 나쁘지 않죠. 하지만 실제 아빠가 육아휴직을 쓰는 것은 매우 예외적입니다. [표 18-2]를 보면 2016년 육아휴직자 가운데 엄마는 8만 명이 넘지만 아빠는 7,000여 명 수준으로 아빠의 비중은 8퍼센트에 머물렀습니다.[22]

## :: 라테 대디의 등장 ::

'경제 활동으로 돈을 벌어오는 아빠와 집안에서 아이를 돌보는 엄마'라는 전통적 관념은 많은 국가에 널리 퍼져 있었기 때문에, 제도적으로 엄마 또는 아빠가 부모휴가를 쓸 수 있다고 규정해도 많은 나라에서 엄마가 사용하는 비율이 높게 나타납니다.

이와 관련하여 최근 북유럽의 '아빠 할당제(daddy quota)'라는 이색적인 제도에 관심이 높아지고 있습니다.[23] 이 제도는 부모휴가 가운데 최소한의 기간을 아빠가 쓰도록 강제하고 만약 이 기간을 아빠가 쓰지 않아도 엄마에게 양도할 수 없도록 한 제도입니다. 1993년 노르웨이와 1995년 스웨덴에서 부모휴가 가운데 한 달을 아빠에게 할당하면서 도입되기 시작해 핀란드, 독일, 포르투갈, 아이슬란드로 확산되었습니다. 노르웨이와 스웨덴의 아빠 할당 기간은 지속적으로 확대되어 3개월로 늘어났고, 아이슬란드는 3+3+3 모델이라고 하여 엄마 3개월, 아빠 3개월, 엄마나 아빠 선택 3개월을 쓰도록 해 이 세 나라의 아빠 할당제가 가장 강력합니다.

이들 국가는 제도 도입 이후 아빠의 육아휴직 참여가 대폭 늘어나면서, 세계적으로 큰 관심을 끌고 있습니다. 미국과 영국 언론들은 육아휴직에 참여한 아빠들을 '라테 대디(latte daddy)'라고 부르면서, 자국에도 도입할 것을 촉구하고 있습니다. 아이를 유모차에 태우거나 안고 놀이터와 어린이집과 공원을 누비며 커피를 마시는 스웨덴의 '멋진 아빠'라는 이미지가 널리 퍼지고 있습니다. 스웨덴의 사진가 요한 베브만(Johan Bävman)은 육아휴직 경험을 살려서 아이를 키우는 아빠의 모습을 담은 《스웨덴의 아빠들(Swedish Dads)》이라는 사진집을 출판했는데, 2017년 한국에서도 전시회가 개최되기도 했습니다.

이 제도는 단순히 멋진 이미지 이상의 의미가 있습니다. 미국 과학·공학·의학한림원의 보고서에 의하면, 아빠가 아이의 육아에 적극적으로 참여할 경우, 아이의 언어 및 인지능력이 향상되고, 성적이 오르며, 정서적으로 안정되고, 친구들과의 관계도 더 좋아지는 '아빠 효과(father effect)'가 발생한다고 합니다.[24]

## :: 아빠 할당제가 이혼을 불러온다? ::

그런데 약간의 부작용도 있는 것 같습니다. 독일 뒤스부르크-에센대학의 다니엘 아프디크(Daniel Avdic)와 스웨덴 웁살라대학의 아리소 카리미(Arizo Karimi) 교수는 2018년 〈현대적 가정? 부성휴가와 결혼의 안정성〉이라는 논문을 발표해, 이 제도가 결혼의 불안정성을 높이는 효과를 관찰했습니다.[25] 앞서 스웨덴의 경우 1995년 1개월의 아빠 할당 기간이 설정되었는데, 이 제도의 적용 대상은 1995년 1월 1일 이후 출생한 아이부터였습니다. 두 연구자는 이를 이용해서 1994년 12월에 태어난 아이들의 부모와 1995년 1월에 태어난 아이들의 부모를 비교했습니다. 두 시기는 거의 차이가 나지 않고, 부모가 스스로 선택했다고 보기 어려워서 사회과학자들이 인과관계를 분석하기에 적합한 자료라고 할 수 있습니다.

[표 18-3 Ⓐ]를 보시면 부모휴가 중 아빠가 사용한 부분은 1995년 1월과 2002년 1월에 급등합니다. 1995년은 1개월의 아빠 할당제가 도입된 시점이고, 2002년 1월은 아빠 할당제가 2개월로 늘어난 시점입니다(3개월로 확대된 것은 2018년 1월이어서 분석 대상에 포함되지 않았습니다). 엄마가 사용한 부분은 1995년 1월에는 아빠의 사용과 대체되어 하락하였는데, 2002년 1월에는 하락하지 않았습니다. 이 시점에 아빠 할당제 기간이 늘어난 것과 더불어 총 부모휴가 기간이 15개월에서 16개월로 늘어났기 때문에 엄마의 휴가가 아빠의 휴가로 대체된 효과가 없었던 것입니다.

그리고 [표 18-3 Ⓑ]에 표시된 것은 두 집단의 부모 가운데 아이가 다섯 살이 될 때까지 이혼한 비율의 누적치입니다. 이것을 보시면 세 살이 될 때까지 아빠 할당제의 적용을 받은 집단의 이혼율이 그러지 않은 집단의 이혼율보다 1퍼센트 포인트 높습니다. 그리고 이혼율 격차가 시간이 지나면서 해소되는 것으로 보아 아빠 할당제가 이혼율을 절대적으로 높였다기보다는 이혼 시점을 앞당긴 측면이 크다고 합니

**표 18-3** 스웨덴의 아빠 할당제 도입 효과     출처: 아메리칸 이코노믹 저널(2018)

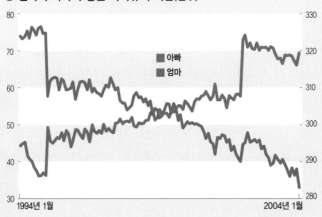

Ⓐ 엄마와 아빠의 평균 육아휴직 기간(일수)

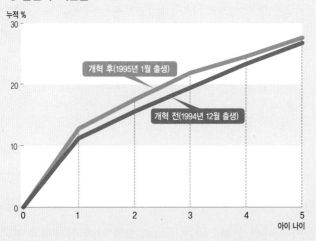

Ⓑ 출산 후 이혼율

다. 연구자들은 부부가 좀 더 많은 시간을 함께할 수 있게 되면서 이전보다 빨리 서로에 대한 정보가 쌓인 것이 하나의 이유가 될 수 있다고 판단했습니다. 하지만 연구팀은 미국경제학회와의 인터뷰에서 이것을 이유로 아빠 할당제의 도입이 쓸모없다고 결론지어서는 안 된다고 강조하고 있습니다.

문재인 대통령은 2018년 11월 1일 국회 시정연설에서, 부성휴가 기간을 3일에서 10일로 늘리고 이후에도 엄마와 아빠가 교대로 육아휴직을 할 경우 급여를 높여서 아빠의 육아휴직 참여율을 높일 계획을 밝혔습니다. 바람직한 방향이라고 생각되며 더 나아가 아빠 할당제에 대해서도 진지한 검토가 이루어졌으면 합니다.

# 4부

8시 뉴스를 튼 데이터 전문가

권력자들은 어떻게 속이는가

# 69.9kg에서 70kg이 되면
# 짜증이 확 나는 이유

대부분의 중년 남자들이 그렇듯이 저 역시 과체중 때문에 큰 걱정입니다. 매년 건강검진을 할 때마다 의사 선생님한테 핀잔을 들어서, 얼마 전부터 살을 빼려고 나름 식사량도 줄이고 열심히 운동도 하면서 체중계를 사다 두고 매일 체크를 합니다. 그렇게 몇 개월 노력을 해서 몸무게를 꽤 줄여 요즘은 70킬로그램 근처에서 왔다 갔다 하는데, 사람 심리가 참 묘하더군요. 69.5킬로그램에서 69.9킬로그램으로 늘 때는 크게 신경 쓰이지 않는데, 70킬로그램이 체중계에 찍히면 짜증이 확 치밉니다. 매일 아침마다 '오늘은 제발 6자 좀 보자' 하는 심정으로 저울에 올라가는 것 같습니다. 작은 차이인데 왜 이렇게 60킬로그램대를 지키려고 안간힘을 쓰나 약간 어이없어 하다가, 소위 '9,900원 마케팅'이라는 것으로 생각이 이어졌습니다.

## :: 140년의 역사를 가진 끝자리 9 마케팅 ::

스티브 잡스는 2003년 아이튠즈(iTunes)를 통해 음악 스트리밍 서비스 시장을 개척하면서 표준 가격을 99센트로 책정했는데요. 이렇게 가격을 '9'로 끝내는 것은 미국 마케팅 분야에서 널리 활용되는 전략입니다. 미국 서부 지역의 유명 할인 체인점 '99센트 온리 스토어즈(99 Cents Only Stores)'는 아예 이름부터 이 전략을 표방한 것이죠. 1982년 창업 이후 현재 350개의 매장을 갖고 있는데, 대부분의 제품 가격이 99.99달러 등으로 표현되어 있습니다. 《뉴욕 타임스》의 2009년 보도에 의하면 역사상 가장 오래된 99센트 마케팅 사례는 뉴욕 백화점 업계의 거물이었던 롤런드 메이시(Rowland H. Macy)가 1880년에 "양질의 블랙 실크를 제품당 99센트에 판매"한다는 광고를 본지에 게재한 것이라고 하니, 그 역사가 약 140년에 달하는 것입니다.[1]

이것은 미국만의 현상도 아닙니다. 럿거스대학의 경영학자 로버트 신들러(Robert M. Schindler)는 1997년 미국의 《뉴욕 타임스》, 《LA 타임스》, 《워싱턴 포스트》 등 여섯 개 신문과 일본의 《요미우리 신문》, 《아사히 신문》, 《마이니치 신문》 등 여섯 개 신문에 실린 광고의 상품 가격을 조사하여, 2009년 〈미국과 일본의 광고 상품가격의 끝자리 유형〉이라는 논문을 발표했습니다.[2] 그 결과가 [표 19-1]에 표시되어 있는데요. 미국의 경우는 9로 끝나는 가격이 52.2퍼센트로 가장 흔하였고, 일본의 경우는 8로 끝나는 가격이 37.5퍼센트로 가장 널리 발견되었습니다. 아쉽게도 한국에서는 체계적으로 조사가 이루어진 적이 없

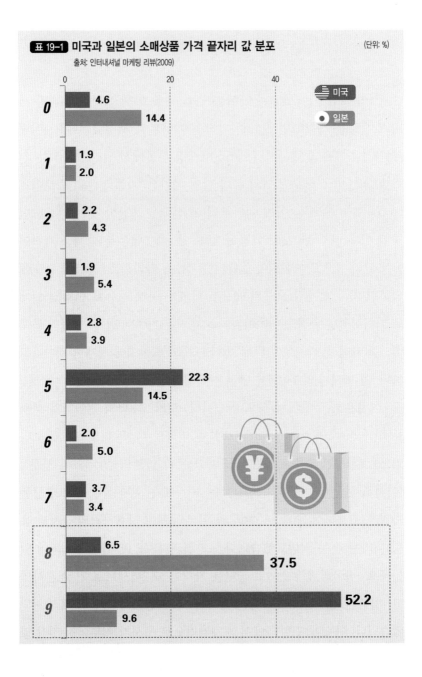

**표 19-1** 미국과 일본의 소매상품 가격 끝자리 값 분포

(단위: %)

출처: 인터내셔널 마케팅 리뷰(2009)

미국
일본

| | 미국 | 일본 |
|---|---|---|
| 0 | 4.6 | 14.4 |
| 1 | 1.9 | 2.0 |
| 2 | 2.2 | 4.3 |
| 3 | 1.9 | 5.4 |
| 4 | 2.8 | 3.9 |
| 5 | 22.3 | 14.5 |
| 6 | 2.0 | 5.0 |
| 7 | 3.7 | 3.4 |
| 8 | 6.5 | 37.5 |
| 9 | 52.2 | 9.6 |

지만 우리 역시 8 또는 9의 비중이 매우 높을 것으로 보입니다(이들이 조사한 끝자리 값은 말 그대로 끝자리는 아닙니다. 한국이나 일본의 경우 화폐 단위의 속성상 2,999원 형태의 가격은 찾아보기 어렵습니다. 그래서 예컨대 2,900원은 9로 끝나는 가격이라 산정해 조사한 것입니다).

## :: 사람들은 어림짐작으로 세상을 계산한다 ::

미국과 일본의 경우 비록 약간의 차이가 있지만, 이러한 가격 설정은 모두 제일 왼쪽 자릿값을 줄이기 위해서입니다. 이것을 '왼쪽 자릿값 효과(left digit effect)'라고 부르는데요. 관련된 많은 연구 중에서 코넬대학의 마노지 토머스(Manoj Thomas)와 뉴욕대학의 비키 모위츠(Vicki Morwitz) 교수가 2005년 발표한 〈가격 인식에 있어서의 왼쪽 자릿값 효과〉를 살펴보겠습니다.[3] 이들은 대학생들을 대상으로 0과 9로 끝나는 펜의 가격을 제시하고 그 가격이 얼마나 높아 보이는지 5점 척도로 평가하게 했습니다.

먼저 [표 19-2 Ⓐ]에서 2.99달러와 3.00달러 가격을 비교했는데요. 2.99달러 가격의 심리적 크기는 3.00달러에 비해 뚜렷이 낮았습니다. 하지만 [표 19-2 Ⓑ]에서처럼 3.59달러와 3.60달러를 비교할 경우에는 차이가 미미했고, 통계적으로도 유의미하지 않았습니다. 토머스 교수는 두 비교군 모두 동일하게 1센트 차이였지만, 첫째 비교에서는 가장 왼쪽 자릿값이 2와 3으로 달라졌고, 둘째 비교에서는 이 값이 모두 3으로 동일하였기 때문에 결과가 달라졌다고 이해하고, 이를 '왼쪽 자

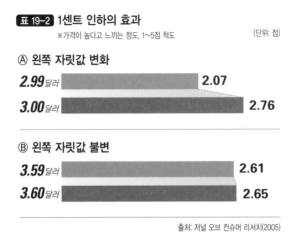

표 19-2 **1센트 인하의 효과**
※가격이 높다고 느끼는 정도, 1~5점 척도    (단위: 점)

Ⓐ **왼쪽 자릿값 변화**

*2.99*달러    2.07
*3.00*달러    2.76

Ⓑ **왼쪽 자릿값 불변**

*3.59*달러    2.61
*3.60*달러    2.65

출처: 저널 오브 컨슈머 리서치(2005)

릿값 효과'라고 불렀습니다. 이것은 제가 몸무게를 재면서 68.0, 69.0, 69.9킬로그램을 '60킬로그램대'로, 70.0, 70.1, 71.0, 72.0킬로그램을 모두 '70킬로그램대'라고 이해하면서 가장 왼쪽 자릿값에 주목한 것과 마찬가지 현상입니다.

그렇다면 사람들은 왜 이토록 왼쪽 자릿값에 주목하는 것일까요? 그 단초를 노벨 경제학상 수상자인 심리학자 대니얼 카너먼이 동료 심리학자 아모스 트베르스키(Amos Tversky)와 함께 수행한 실험에서 찾을 수 있습니다. 이 연구는 1973년 〈가용성: 빈도와 확률을 판정하는 데 사용되는 어림짐작〉이라는 논문으로 발표되었습니다.[4] 이들은 실험에 참가한 사람들을 두 그룹으로 나누고 일부러 촉박하게 정한 시간 안에 1부터 8까지 곱하기한 결과를 적어 내게 했는데, 그룹별로 문제를 달리 제시했습니다.

첫째 그룹: 8×7×6×5×4×3×2×1

둘째 그룹: 1×2×3×4×5×6×7×8

두 그룹이 제시한 답의 평균은 충격적일 정도로 달랐습니다. 첫째 그룹의 답은 2,250이었는 데 반해, 둘째 그룹의 답은 512에 불과했습니다. 실험에 참가한 사람들이 충분한 시간을 들여서 종이와 펜으로 계산을 한다면 두 그룹 모두 정답에 가까운 값에 도달했을 것입니다. 하지만 사람들은 시간이 부족하거나, 또는 숫자의 처리가 피곤하기 때문에 문제의 순서대로 몇 번 계산을 하고 거기에 기초해서 답을 '어림짐작(heuristic)'으로 구했던 것입니다. 첫째 그룹이라면 8 곱하기 7은 56, 여기에 6을 곱하면 330이 조금 넘고, 여기에 5를 곱하면 1,500이 넘겠구나, 그래서 얼마, 이런 식이죠. 반대로 둘째 그룹은 1 곱하기 2는 2, 곱하기 3은 6, 곱하기 4는 24, 그래서 얼마, 이렇게 구하는 것이고요.

결국 첫째 그룹은 1,500 정도의 수에, 둘째 그룹은 24 정도의 수에 기초해 어림짐작을 하게 되면서 각각 매우 다른 반응이 나온 것입니다. 행동경제학자들이 '닻내림(anchoring)'이라고 부르는 현상입니다. 아, 정답은 4만 320입니다. 두 그룹 모두 틀렸죠. 어림짐작이라는 것이 얼마나 불완전한지 보여준다는 점에서도 흥미롭지만, 여기서는 두 그룹이 서로 다른 초기 숫자에 주목해서 상이한 반응을 보이는 점에 집중해봅시다. 가격표를 접한 소비자들도 모든 숫자를 처리하기보다는 왼쪽 자릿값에 주목해서 그 이후 자리 숫자들은 무시하는 경향이 있었던 것입니다.

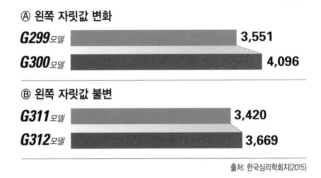

**표 19-3** 알파뉴메릭 브랜드의 숫자 부분 변화가 지불의사에 미치는 효과

(단위: 원)

Ⓐ 왼쪽 자릿값 변화

*G299*모델 **3,551**

*G300*모델 **4,096**

Ⓑ 왼쪽 자릿값 불변

*G311*모델 **3,420**

*G312*모델 **3,669**

출처: 한국심리학회지(2015)

## :: 9,900원 마케팅에 대응하는 소비자 전략 ::

실제 이 효과는 가격표 이외에도 많이 발견됩니다. 그중 하나는 숫자를 담고 있는 상품명의 효과입니다. 삼성과 애플의 스마트폰은 이름에 7, 8, 9 등의 숫자를 달고 있고, 자동차도 쏘나타 1.6이나 2.0처럼 배기량을 표시하는 숫자를 포함하고 있습니다. 예전 인텔의 중앙처리장치는 286, 386, 486이라는 숫자가 붙어 있었는데, 이것이 한국에서는 심지어 한 세대(386세대)를 상징하기도 했죠. 문자와 숫자가 결합하는 것을 알파뉴메릭(alpha-numeric) 브랜드라고 하는데, 이에 대해 고려대 경영대학 석관호 교수와 대학원생 홍민아 씨가 2015년 발표한 〈알파뉴메릭 브랜드의 왼쪽 자리 효과〉를 한번 살펴봅시다.[5]

이들은 실험 참가자들에게 모델명의 숫자 부분이 1 차이가 나는 가상의 샤프펜슬 브랜드 두 개를 제시하고 얼마나 지불할 의사가 있는

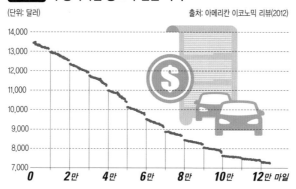

**표 19-4** 주행거리별 중고차 잔존 가치

(단위: 달러)

출처: 아메리칸 이코노믹 리뷰(2012)

지를 물었습니다. [표 19-3]을 보시면 이 실험에서도 브랜드 숫자 부분의 가장 왼쪽 자릿값이 다를 때(G299와 G300)는 지불하려는 가격의 차이가 뚜렷했지만, 왼쪽 자릿값이 같은 경우(G311과 G312)에는 그 차이가 미미하였습니다. 사람들은 첫 번째 자릿값이 높아지면 성능이 뚜렷이 개선된 것으로 생각하지만, 그 이후 자릿값 변화는 성능이 미미하게 변화했다고 인식한 것입니다.

중고차를 거래할 때 사람들이 고려하는 중요한 요소는 모델, 생산연도 그리고 주행거리 등입니다. 토론토대학의 니콜라 라세테라 (Nicola Lacetera) 교수 팀은 2002년부터 2008년까지 미국에서 거래된 2,700만 건의 중고차 거래 데이터를 이용해 주행거리가 잔존 가격에 미치는 효과를 분석하고 〈자동차 시장의 어림짐작과 제한된 주목〉이라는 논문으로 발표했습니다.[6] [표 19-4]에서 보듯 당연히 주행거리가 길수록 가격은 하락하였습니다. 그런데 특이하게도, 주행거리의

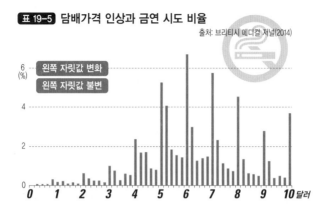

표 19-5 담배가격 인상과 금연 시도 비율

출처: 브리티시 메디컬 저널(2014)

만 단위 자릿값이 바뀔 때마다 가격은 불연속적으로 뚝 떨어졌습니다. 사람들은 9,600마일, 9,700마일, 9,800마일, 9,900마일 주행한 자동차를 접할 때 가격을 조금씩 조정하지만, 1만 마일 주행한 차를 보면 앞의 차들보다 훨씬 더 많이 달린 것으로 받아들이고 가격을 크게 떨어뜨렸던 것입니다.

끝으로 담배와 관련된 예를 하나 더 들겠습니다. 조지아대학의 심리학자 제임스 매킬로프(James MacKillop) 교수 팀은 담배가격을 20센트씩 인상해 10달러에 이르는 동안 흡연자들이 금연을 시도하는 비율이 어떻게 변화할지 추정하여 2014년 〈가격의 왼쪽 자릿값이 금연 동기에 미치는 효과〉라는 논문을 발표했습니다.[7] [표 19-5]에 결과가 표시되어 있는데요. 이때도 인상 뒤 가격의 제일 왼쪽 자릿값이 바뀔 때(차트의 빨간색), 금연 유도 효과가 뚜렷하게 크다는 것을 알 수 있습니다. 사람들은 5.4달러에서 5.6달러로, 5.6달러에서 5.8달러로 인상해도 심각하게 받아들이지 않지만, 5.8달러를 6.0달러로 인상하면 가격이 크게 올랐다고 느꼈던 것입니다.

왼쪽 자릿값의 변화에 대한 사람들의 심리적 반응을 여러 측면에서 살펴봤는데요. 교훈이라면 우리의 직관을 너무 믿지 말고 가끔은 냉정하게 대처하는 게 필요하다는 것이 아닐까요? 1만 9,900원짜리 피자 광고를 볼 때는 1만 원대 상품이라고 생각하지 말고 '이건 2만 원짜리다'라고 주문을 걸고, 중고 시장에서 자동차를 살 때는 2만 9,000킬로미터를 뛴 차보다 3만 1,000킬로미터를 달린 차에 주목하면 오히려 가성비가 더 좋은 차를 장만할 수도 있습니다. 아, 그리고 물론 우리 중년들의 몸무게는 왼쪽 자릿값에만 연연하지 말고 꾸준히 줄여야겠죠.

# CHAPTER
# 20

외모의 정치학

# 정치인의 외모는
# 선거에 얼마나 영향을 줄까

미국 정치권에는 "워싱턴은 못생긴 인물들의 할리우드(Washington is Hollywood for the ugly)"라는 오래된 유행어가 있습니다. 정치인도 연예인과 마찬가지로 인기를 먹고 사는 존재이다 보니 정치권 역시 연예계와 비슷하게 소란스럽지만, 정치인은 외모가 아니라 지혜와 경륜으로 사람들을 사로잡아야 하므로 정치권에는 미남 미녀들이 별로 없다는 내용의 농담입니다.

하지만 다른 한편에선 '얼짱 정치인' 같은 표현에서 드러나듯이, 일반 국민들은 정치인의 외모에 관심이 많을뿐더러 정치인의 외모가 때때로 큰 화제가 되기도 합니다. 국내만 보더라도 더불어민주당의 손혜원 의원이 문재인 대통령의 외모가 연예인급이어서 정치하는 데 도움이 되었다고 치켜세웠다거나, 원조 얼짱 정치인으로 평가받는 자유한

국당의 나경원 의원이 정치 초년 시절에는 외모 덕을 봤지만 주변에서 너무 외모에만 주목해 정치가로서 성장하는 데는 오히려 손해를 봤다고 주장한 예도 있습니다. 남경필 전 경기지사와 안희정 전 충남지사도 방송 프로그램에 출연해 본인이 미남이라는 점을 흔쾌히 인정하기도 했죠. 진실은 무엇일까요? 정치인에게 잘생긴 외모는 도움이 될까요? 아니면 일부 주장대로 오히려 방해가 될까요? 또는 아무런 영향이 없을까요?

## :: 정치인은 못생길수록 불리하다 ::

미국 프린스턴대학의 외모 심리학자인 알렉산더 토도로프(Alexander Todorov) 교수 팀은 2005년 〈외모에 의한 능력 평가와 선거 결과 예측〉이라는 논문을 발표했습니다.[8] 그는 2000~2004년 미국에서 치러진 상·하원 선거 데이터를 이용해 분석을 진행했는데, 프린스턴대학의 재학생 843명을 모집해 각 선거구별로 당선자와 차점 낙선자의 사진을 보여주고는 누가 능력이 있어 보이는지 물었습니다. 평가에 외모 이외의 요소들이 영향을 미치지 못하도록 널리 알려진 선거(힐러리 클린턴이나 존 매케인의 선거 또는 프린스턴대학이 있는 뉴저지 주의 선거 등)는 제외했습니다. 결과를 보실까요.

[표 20-1]은 95건의 상원의원 선거를 대상으로, 학생들이 평가한 두 후보의 사진 중 오른쪽 사진의 인물이 왼쪽 사진의 인물에 비해 상대적으로 얼마나 능력이 있어 보이는지(가로축)와 그 후보가 상대적으

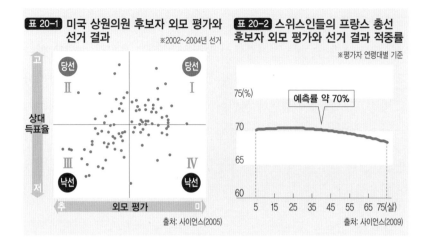

| 표 20-1 미국 상원의원 후보자 외모 평가와 선거 결과 ※2002~2004년 선거 | 표 20-2 스위스인들의 프랑스 총선 후보자 외모 평가와 선거 결과 적중률 ※평가자 연령대별 기준 |

출처: 사이언스(2005)　　　출처: 사이언스(2009)

로 얼마나 많은 표를 받았는지(세로축)를 나타낸 것입니다. 우선 추세선
이 오른쪽으로 갈수록 위로 올라가는 사실에서 알 수 있듯이, 외모 평
가가 좋을수록 표를 더 많이 받는 경향이 나타났습니다. 다음으로 당
락 예측을 살펴보면, (Ⅰ)은 외모가 높은 평가를 받은 후보가 당선한 영
역이고, (Ⅲ)은 외모가 낮은 평가를 받은 후보가 낙선한 영역입니다. 그
러니까 이 두 영역은 '정치는 잘생길수록 유리하다' 또는 '못생길수록
불리하다'는 속설을 입증하는 경우이죠. 반대로 (Ⅱ)와 (Ⅳ)는 반례가 되
겠습니다.

　　전체 95건의 선거 중에서 외모 평가와 결과 예측이 일치한 경우가
69건으로 적중률은 73퍼센트였습니다. 만일 외모와 완전히 무관하게
선거가 치러졌다면 이 수치는 50퍼센트 근방으로 나와야 합니다. 이런
차이는 통계적 의미에서 우연히 발생한 게 아니라고 합니다. 하원의원

선거 600건도 조사했는데 적중률은 67퍼센트로 비슷한 결과가 나왔습니다.

토도로프 교수의 연구가 인기를 끌면서 이후 여러 나라에서 유사한 연구가 진행됐습니다. 주로 미국과 유럽 국가를 대상으로 했는데, 대체로 앞의 연구와 마찬가지로 인물이 좋으면 선거에 유리한 경향이 발견됐습니다. 그 가운데 특별히 재미있는 사례 하나만 더 소개해 드리겠습니다.

스위스 로잔대학의 경영학자 존 안토나키스(John Antonakis)와 올라프 달가스(Olaf Dalgas)는 스위스인 2,841명에게 2002년 프랑스 총선에 나온 후보자 사진을 보여주고, 앞의 연구와 유사한 방식으로 평가를 하도록 했습니다. 그 결과를 2009년 〈선거 예측, 아이들의 놀이〉라는 논문으로 발표했는데,[9] 이번에도 적중률은 대략 70퍼센트 정도였습니다. 특이한 점은 스위스의 평가자 중에는 5세에서 13세 사이의 어린이 681명이 포함되어 있었는데, [표 20-2]에서 보듯이 놀랍게도 적중률은 나이와 무관하게 거의 균일했습니다. 스위스의 어린이가 프랑스 정치인의 사진을 보고 지도잣감이라고 생각한 것과 프랑스의 실제 선거 결과가 상당히 일치하면서 많은 사람을 놀라게 했습니다. 그만큼 외모 평가가 보편적인 성격을 갖는다는 점을 알게 된 것이죠.

## :: 정치인은 키가 작아도 불리하다 ::

이제까지 우리는 정치인들의 사진 평가를 통해 얼굴이 미치는 효과를 살펴봤습니다. 하지만 얼굴뿐 아니라 키와 몸무게도 외모의 중요한 요소입니다. 혹시 이 효과도 따로 분석할 수 있을지 궁금하지 않으신가요? 텍사스공업대학의 정치학자 그레그 머리(Gregg R. Murray)와 데이비드 슈미츠(J. David Schmitz)가 2011년 발표한 〈혈거인의 정치학: 리더십에 대한 진화적 선호 형성과 신장〉이라는 흥미로운 논문에서 키의 효과를 살펴볼 수 있습니다.[10]

　이들의 연구는 일반 국민의 의식과 지도자의 의식 두 가지 방향으로 진행됐습니다. 우선 유권자 의식을 파악하기 위해, 2008년 미국 중서부지역 대학생 467명을 모아서 '일반 국민과 이상적인 국가 지도자의 모습'을 그려보라고 주문했습니다. 그림을 분석한 결과, 지도자의 키가 국민보다 큰 경우(64퍼센트)가 반대의 경우(31퍼센트)보다 두 배 이상 많았고, 그림 속 일반 국민의 평균 키는 6.6센티미터였는데 지도자는 이보다 평균 12퍼센트 컸다고 합니다. 그리고 이러한 성향은 학생들의 출신지역(미국, 유럽, 아프리카, 아시아 및 남미)과 무관하게 보편적으로 관찰됐습니다.

　사실 침팬지와 고릴라 같은 유인원에서부터 아프리카코끼리와 붉은사슴, 그리고 일부 조류와 어류에 이르기까지 동물계에서는 덩치가 클수록 집단 내의 지위가 높아지는 현상이 광범위하게 발견됩니다. 그래서 연구팀은 일반인들의 마음에 '지도자는 일반인보다 더 큰 사람'이라는 심리가 깔려 있으며, 이러한 지도자상은 동굴에 살던 원시 시절부터 형성된 것이라는 주장을 폈습니다.

　다음은 지도자의 의식입니다. 학생들은 그림 외에도, 본인의 키와

## 표 20-3 G20 국가 정상들의 키와 해당 국민 평균키 비교

■ 국가 정상  ■ 국민 (단위: ㎝)

※각국 국민들의 평균키는 AverageHeight.com 자료. 각국 정상들의 신장은 구글에서 대표로 제시한 자료(2017년 기준).
관련 자료가 없는 아르헨티나·이탈리아·프랑스·사우디아라비아·EU는 제외. 문재인 대통령의 경우 본인이 대선 때 밝힌 수치임.

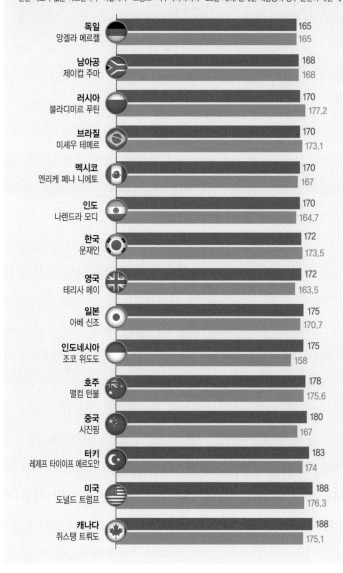

**독일** 앙겔라 메르켈
165
165

**남아공** 제이컵 주마
168
168

**러시아** 블라디미르 푸틴
170
177.2

**브라질** 미셰우 테메르
170
173.1

**멕시코** 엔리케 페냐 니에토
170
167

**인도** 나렌드라 모디
170
164.7

**한국** 문재인
172
173.5

**영국** 테리사 메이
172
163.5

**일본** 아베 신조
175
170.7

**인도네시아** 조코 위도도
175
158

**호주** 맬컴 턴불
178
175.6

**중국** 시진핑
180
167

**터키** 레제프 타이이프 에르도안
183
174

**미국** 도널드 트럼프
188
176.3

**캐나다** 쥐스탱 트뤼도
188
175.1

같은 신체적 특성, 지도자로서 능력에 대한 자평과 출마 의사 등의 질문에도 답변을 했습니다. 이를 분석해보니 키가 클수록 본인의 리더십 능력을 높이 평가했고, 또 본인의 능력에 대한 평가가 높을수록 출마할 의사가 더 컸습니다. 그런데 남녀 간에는 큰 차이가 있었습니다. 예컨대 키 큰 남성(184.5센티미터)은 키가 작은 남성(169.7센티미터)에 비해 리더십이 매우 탁월하다고 자평하는 비율이 두 배 정도 높았습니다. 하지만 여성들의 답변에서는 키와 능력에 대한 자의식 사이에 아무런 상관관계가 없었고, 키는 직간접적으로 출마 의사에 영향을 미치지 않았습니다. 종합하자면, 큰 키는 정치인에게 프리미엄으로 작용하지만 그 효과는 남성에게 집중되어 있었던 것이죠.

[표 20-3]은 2017년 말 기준 주요 20개국(G20) 정상들의 키를 해당 국가 국민의 평균 키와 비교한 자료입니다. 남성 지도자는 남성 평균과, 여성 지도자는 여성 평균과 각각 비교했습니다. 분석 대상인 15명 중 도널드 트럼프 미국 대통령을 비롯한 10명은 해당 국가의 국민 평균 키보다 컸고, 독일의 앙겔라 메르켈 총리와 남아프리카공화국의 제이컵 주마 대통령은 국민 평균 키와 같았으며, 러시아, 브라질, 한국의 정상은 국민 평균 키보다 작았습니다. 하지만 한국의 경우 젊은 연령대에서 평균 키가 상당히 커진 점을 고려하면, 문재인 대통령도 비슷한 연배 중에선 작지 않은 키입니다. 건강보험공단의 2017년 신체 계측 데이터를 보니, 문재인 대통령이 태어난 1952~1953년생 남성의 평균 키는 166.7센티미터였습니다. 이 표를 통해 지도자들은 역시나 키가 크다는 생각이 드시나요? 이것은 작은 예화일 뿐이고, 광범위한 조

## 표 20-4 미국 국민과 상원의원 후보자의 체형별 구성 비율

출처: 평등, 다양성 및 포용(2014)                                    (단위: %)

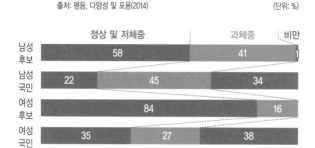

| | 정상 및 저체중 | 과체중 | 비만 |
|---|---|---|---|
| 남성 후보 | 58 | 41 | 1 |
| 남성 국민 | 22 | 45 | 34 |
| 여성 후보 | 84 | | 16 |
| 여성 국민 | 35 | 27 | 38 |

사와 연구가 진행되면 보다 분명하게 알 수 있을 것 같습니다.


## :: 정치인은 살이 쪄도 불리하다 ::


이번엔 몸무게를 살펴볼까요? 미국 호프대학의 심리학자 퍼트리샤 롤링(Patricia V. Roehling)은 2008년과 2012년에 있었던 미국 상원의원 선거와 당내 예비선거 결과를 분석해서 2014년 〈미국 후보 선출 및 선거에서 작용하는 몸무게 편견〉이라는 논문을 발표했습니다.[11]

학생 60명이 참여해 후보자의 상반신 사진을 보고 체격을 평가하고, 의료 전문가들이 보정한 결과를 보면 아주 단순한 통계에서부터 효과가 분명하게 드러납니다. 우선 미국 전체 인구에서 남성 34퍼센트, 여성 38퍼센트가 비만 인구였지만 [표 20-4]를 보면 상원 후보 중에 비만 비율은 남성은 1퍼센트였고 여성은 전혀 없었습니다. 과체중 단계의 남성은 국민 45퍼센트, 후보자 41퍼센트로 비슷한 분포인 데 반해, 여성의 경우 국민은 27퍼센트였는데 후보자는 16퍼센트였습니다. 큰 키와는 달리 몸무게가 많이 나가는 것은 애초 후보로 나서는 단계부터 불리하게 작용했고, 특히 여성 정치인에게 훨씬 더 가혹했다는 사실을 알 수 있습니다.

앞에서 살펴본 여러 연구를 통해 우리는 얼굴·키·몸무게 등 신체적 특성이 정치에 상당한 영향을 미친다는 것을 확인했습니다. 사실 오래전부터 알려져 있었던 내용입니다. 고대 철학자 플라톤은 《공화정 (Politeia)》에서 '키만 크고 항해 지식은 별 볼 일 없는 선장을 상상해보라'며 이를 경계한 바 있습니다. 그런데 혹시 투표를 할 때 정치인의 지혜보다 외모에 더 주목하는 특별한 계층이 존재하는 것일까요? 이 문제는 미국 매사추세츠공과대학의 정치학자 가블리엘 렌즈(Gabriel S. Lenz)와 채플 로손(Chappell Lawson)이 2011년 〈적격으로 보이기: 정보가 적은 시민이 텔레비전에 의해 후보 외모에 따라 투표하게 되는 효과〉라는 논문으로 발표한 바 있습니다.[12] 이들에 의하면 텔레비전 시청을 많이 할수록 유권자들이 외모에 주목하는 경향이 커지는데, 선거 정보가 많은 집단에선 효과가 미미했고 선거 정보가 적은 집단에선 매우 뚜렷했다고 합니다.

그렇다면 투표를 할 때 외모에 휘둘리는 경향은 정보와 지식이 낮은 집단에만 고유한 것일까요? 꼭 그렇지만은 않은 것 같습니다. 외모의 경제학 분야의 창시자로 꼽히는 텍사스대학교 오스틴 캠퍼스의 대니얼 해머메시(Daniel S. Hamermesh) 교수가 2006년에 발표한 〈외모의 변화, 차별의 변화: 경제학자의 외모〉를 보시죠.[13] 이 논문에 의하면 미국경제학회 임원 선거에서도 외모가 상위 15퍼센트인 후보는 하위 15 퍼센트인 후보에 비해서 당선 가능성이 12퍼센트 포인트 높았다고 합니다. 경제학자야말로 누구보다 합리성을 강조하고, 미국경제학회라면 경제학계에서 가장 저명한 학회인데도 이런 결과가 나오는 것을 보면 그 누구도 외모에 영향을 받지 않는다고 자신해서는 안 될 것 같습니다.

## :: 한국인은 성격 좋아 보이는 정치인을 선호한다 ::

이제까지 미국과 유럽의 사례만 말씀드렸는데, 다행히 서강대 나진경 교수 팀이 2015년 한국 사례를 분석해서 〈한국보다 미국에서 선거 결과 예측력이 높은 외모에 의한 능력 평가〉라는 논문을 발표했습니다.[14] 분석은 맨 앞에 소개한 토도로프 교수의 연구와 유사한 방식으로 이루어졌는데요, 서울대와 미국 텍사스대학에 재학 중인 131명의 학생들로 하여금 미국 상원의원 및 주지사 선거와 한국 국회의원 선거에 출마한 후보자의 사진을 보여주고 외모에 의한 능력 평가를 하도록 했습니다. 그런데 매우 흥미롭게도 그 결과는 한국과 미국이 각기 달랐습니다.

[표 20-5]를 보면, 미국 선거의 경우 미국과 한국 학생들에 의한 외모 평가가 모두 실제 선거의 당락과 60퍼센트 이상 일치했고, 이는 통계적으로 우연히 발생한 것으로 보이지는 않는다고 합니다. 반면 한국 선거의 경우엔 한국과 미국 학생의 외모 평가 모두 실제 선거 예측

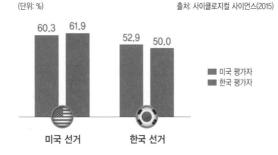

**표 20-5** 외모에 따른 능력 평가와 선거 결과 적중률(한·미 비교)

(단위: %)

출처: 사이클로지컬 사이언스(2015)

60.3  61.9

52.9  50.0

■ 미국 평가자
■ 한국 평가자

미국 선거          한국 선거

적중률에서 50퍼센트 언저리를 맴돌아 외모가 선거에 의미 있는 영향
을 끼쳤다는 증거를 확인할 수 없었습니다.

그 이유는 무엇일까요? 아직 정확한 답을 알기는 어려운 것 같습
니다. 여러 연구에 의하면 독립성이 높은 문화권과 상호의존성이 높
은 문화권을 비교했을 때 후자의 경우 개인의 특성을 덜 중요시하는
경향이 있다고 합니다. 그래서 연구팀은 우선 상호의존도가 높은 한
국 유권자들이 사회적 맥락을 중요시하기 때문에 미국 유권자에 비해
서 정치적으로 더 많은 정보를 갖고 있을 가능성을 들고 있습니다. 다
음으로 외모에 의한 능력 평가는 미국과 비슷하나, 상호의존도가 높
은 문화 때문에 지역주의적 투표가 나타나서 후보자의 특성이 선거 결
과에 영향을 덜 끼쳤을 가능성도 염두에 두고 있습니다.

이외에도 나진경 교수는 흥미로운 지적을 해주었습니다. 지금까지
는 대체로 '능력이 있어 보이는 외모'라는 후보자 개인 성향을 문항으
로 평가했는데, 이를 '성격이 좋아 보이는 외모' 또는 '따뜻해 보이는 외

모' 등 사회적 태도에 관한 문항으로 바꾸면 한국을 포함한 동아시아 지역의 외모 평가의 선거 결과 적중도가 높아진다고 합니다. 이런 사실을 보면 한국에서도 외모가 중요하지만, 개인의 능력에 대한 인상이라기보다 사회적 스킬에 대한 인상을 통해서 외모가 평가되는 것일 수도 있을 듯합니다.

저는 지난 몇 년간 국회에서 근무했는데요. 제가 심미안이 있는 건 아니지만 제 눈에 보기에도 한국 국회의원들은 대부분 잘생겼고 체형도 멋졌고, 정말 깜짝 놀랄 만한 미남 미녀 정치인도 있었습니다. 한국에서도 후보를 선출하는 단계에서부터 외모의 효과가 작동하는 느낌을 받았습니다. 앞으로 이 분야에 대해 국내에서도 더 많은 연구가 쌓이길 기대합니다.

끝으로, 정치인들의 외모가 개선되는 만큼 정치인들이 지식과 도덕성을 겸비하려는 노력을 기울이고 있는지 최종적으로 가리는 일은 우리 유권자의 몫이라는 점은 굳이 제가 강조하지 않아도 잘 아시겠죠?

# 가짜뉴스에는
# 팩트체크로 맞서라?

2017년 19대 대통령 선거는 과거 어느 선거 때보다도 가짜뉴스가 기승을 부렸습니다. 가짜뉴스는 특히 페이스북과 트위터, 카카오톡 등 소셜 네트워크 서비스를 통해서 그야말로 순식간에 확산됐다고 합니다. 선거관리위원회가 온라인상의 허위사실 공표나 비방으로 분류한 가짜뉴스가 18대 대선 대비 여섯 배에 달할 정도로 극성을 부리다 보니 각 후보와 정당도 가짜뉴스 차단에 신경을 곤두세웠습니다. 더불어민주당은 2만여 명으로 구성된 국민특보단을 꾸려 가짜뉴스 대응에 나섰고, 국민의당은 후보 팩트체크 센터를 운영했습니다. 자유한국당도 당 공식 누리집에 팩트체크 코너를 실었습니다.

가짜뉴스가 주요 이슈가 된 건 한국만이 아닙니다. 도널드 트럼프 미국 대통령은 대선 후보 시절 CNN이나 《뉴욕 타임스》를 상대로

'가짜뉴스(fake news)'라며 정면으로 들이받았고, 거꾸로 많은 사람들은 가짜뉴스 덕에 트럼프가 대통령에 당선됐다며 분개합니다. 프랑스와 독일도 선거를 치르면서 가짜뉴스의 심각성에 점점 주목하고 있습니다.

### :: 선거가 다가올수록 가짜뉴스가 진짜뉴스를 앞지른다 ::

미국에서 가짜뉴스 개념을 널리 알린 데는 온라인 뉴스사이트인 버즈피드의 선임기자 크레이그 실버먼(Craig Silverman)의 역할이 컸습니다. 실버먼은 2016년 미국 대선에서 진짜뉴스와 가짜뉴스 상위 20개가 각각 페이스북을 통해 얼마나 확산됐는지를 시점별로 추적해서 그해 11월 버즈피드에 '가짜 선거뉴스가 진짜뉴스를 페이스북에서 압도하다'라는 기사로 발표했습니다.[15] [표 21-1]을 보면 미국 대선일(2016년 11월 8일)에서 꽤 떨어진 8월 이전에는 진짜뉴스가 가짜뉴스에 비해 서너 배 이상 확산됐지만, 8월부터 선거일까지의 기간에는 가짜뉴스에 대한 반응(공유, 댓글, '좋아요' 누르기 등)이 급등해 오히려 가짜뉴스가 진짜뉴스보다 더 널리 퍼졌습니다.

또한 가짜뉴스는 단지 널리 퍼지는 데 그치지 않고, 많은 사람들이 믿게 만들었다는 보고도 많았습니다. 글로벌 시장조사기관 입소스(Ipsos)가 미국 대선 직전 수행한 조사에 의하면, 많은 유권자들이 가짜뉴스를 접했고(10~22퍼센트), 이 중에서 이를 사실로 믿는 비중도 높았습니다(64~84퍼센트). 싱가포르경영대학 노성종 교수 팀이 2017년 발표

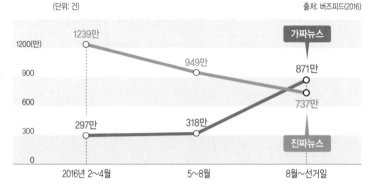

**표 21-1** 2016년 미국 대선 때 페이스북을 통한 진짜뉴스와 가짜뉴스 확산 빈도

(단위: 건)                                                출처: 버즈피드(2016)

한 〈가짜뉴스 효과의 조건〉을 보면,[16] 한국 유권자들도 2017년 대선에서 가짜뉴스에 많이 노출됐고(22~45퍼센트), 이를 사실로 받아들인 비중도 상당히 높았습니다(70~88퍼센트). 정체불명의 사이트에서 나온 "교황, 트럼프 지지선언", "힐러리, ISIS에 무기 팔아 테러에 사용", "문재인 부친, 인민군 출신", "안철수 회사, 투표지 분류기 만들어" 등 제목만으로도 신뢰가 떨어지는 기사들이었는데도, 이들 가짜뉴스가 진짜뉴스보다 더 위력을 떨쳤다는 사실에 많은 사람들이 충격을 받았습니다.

그런데 2017년 아주 흥미로운 연구 결과가 발표됐습니다. 가짜뉴스의 심각성을 강조하는 앞선 조사 결과들에 문제제기를 하는 내용입니다. 미국 뉴욕대학의 헌트 올콧(Hunt Allcott)과 스탠퍼드대학의 매슈 젠츠코(Matthew Gentzkow) 교수는 국민들의 기억에 의존한 설문조사가 얼마나 정확한지를 분석해서, 〈2016년 대선의 소셜 미디어와 가짜

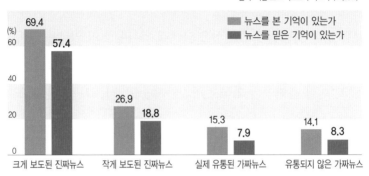

표 21-2 2016년 미국 대선 때 진짜뉴스와 가짜뉴스 수용도

출처: 저널 오브 이코노믹 퍼스펙티브(2017)

뉴스〉라는 논문을 발표했습니다.[17] 이 분석을 위해 두 사람은 실제 유통됐던 가짜뉴스('진짜' 가짜뉴스)뿐 아니라 실제로는 전혀 유통되지 않은 가짜뉴스('가짜' 가짜뉴스)를 만들어 응답자들을 상대로 해당 뉴스를 본 기억이 있는지, 믿었던 기억이 있는지를 물었습니다. 그 결과가 [표 21-2]에 나타나 있습니다. 전체 응답자 중에서 '실제로 유통됐던 가짜뉴스'를 본 기억이 난다고 답변한 비율과 최종적으로 믿기까지 했다고 답변한 비율은 각각 15.3퍼센트와 7.9퍼센트로, 비록 진짜뉴스보다는 낮았지만 무시할 수 없는 정도의 수치였습니다. 하지만 흥미롭게도 '실제로는 유통되지 않았던 가짜뉴스'를 보거나 믿었다고 기억한 비율도 각각 14.1퍼센트와 8.3퍼센트로, 거의 차이를 보이지 않았습니다. 두 사람은 이를 통해 가짜뉴스에 대한 응답자들의 기억이 상당히 과장됐다는 사실을 확인했습니다.

가짜뉴스의 확산은 언론과 민주주의에 대한 신뢰 저하, 정치적 양극화 심화 등 심각한 문제를 야기하는 것이니만큼, 이에 대한 치유 방법을 놓고서도 진지한 고민이 이어지고 있습니다. 대표적인 것이 가짜 정보를 접한 사람들에게 진실을 알려줘 가짜뉴스의 위력을 줄이려는 시도입니다. 2017년 대선 때 주요 신문과 방송은 본격적인 팩트체크에 나섰고, 이런 움직임은 외국도 마찬가지였습니다. 그렇다면 팩트체크의 효과는 얼마나 될까요?

:: 팩트체크가 오히려 가짜뉴스를 부각시킨다? ::

미국 다트머스대학의 브렌던 나이핸(Brendan Nyhan)과 영국 엑서터 대학의 제이슨 라이플러(Jason Reifler) 교수는 팩트체크가 별 효과가 없고 심지어 역효과가 날 수도 있다는 연구 결과를 2010년 〈사실 교정이 실패하는 경우〉라는 논문으로 발표했습니다.[18] 두 사람은 실험에 참가한 사람들에게 이라크의 대량살상무기 위험을 막기 위해 전쟁에 나서야 한다는 조지 W. 부시 대통령의 메시지(가짜뉴스)를 보여준 뒤, 이 중한 그룹의 사람들에게는 당시 이라크에 대량살상무기가 존재하지 않았다는 미국 중앙정보국의 보고서 내용을 알려줬습니다(팩트체크). 그리고 다른 그룹의 사람들에게는 이 보고서 내용을 알려주지 않았습니다. 효과는 사람들의 정치적 성향에 따라 달랐습니다. 애초 이라크전쟁에 더 회의적이었던 진보 성향 사람들의 경우, 예상대로 팩트체크를 통해 가짜뉴스를 신뢰하는 비율이 낮아졌지만(18→3퍼센트), 보수 성향 사람들한테서는 반대로 가짜뉴스를 신뢰하는 비율이 오히려 높아졌습니다(32→64퍼센트). 이외에 '세율 인하가 세수를 더 늘렸다는 주장(가 짜뉴스)'과 오히려 '세수를 대폭 줄였다는 사실(팩트체크)'을 놓고서도 유사한 현상이 발견됐습니다.

## :: 팩트체크는 가짜뉴스의 영향력을 줄인다 ::

나이핸과 라이플러는 이를 '팩트체크의 역풍효과'라고 명명했는데, 이것이 미국인들에게 던진 충격은 대단히 커서 '탈진실(post-truth) 사회'가 도래했다는 탄식이 넘쳐났습니다. 이후 역풍효과에 대한 연구가 점차 축적됐습니다. 오하이오주립대학의 토머스 우드(Thomas J. Wood)와 조지워싱턴대학의 이선 포터(Ethan Porter) 교수는 1만 명이 넘는 실험자를 모아서 주요 이슈 52개에 대해 매우 방대한 '가짜뉴스-팩트체크-역풍효과의 관계' 규명에 나섰습니다. 그 결과를 2018년 〈찾기 어려운 역풍효과〉라는 논문으로 발표했는데요.[19] 이들에 따르면, 정치적 입장이 무엇이든 간에 팩트체크는 대체로 가짜뉴스의 영향력을 줄이며, 팩트체크의 역풍이 일어나는 경우는 매우 드물다고 합니다.

이처럼 팩트체크의 역풍효과를 두고 엇갈리는 결과가 나오는 와중에, 주요 논자인 위 네 명은 한 팀을 이루어 정치적 에너지가 최고조에 달하고 역풍의 가능성도 커지는 미국 대선에서 어떤 일이 일어나는지 실험을 했습니다.[20] 이들은 트럼프가 대통령 선거운동 과정에서 지속적으로 미국의 범죄율이 치솟아 거의 재앙적 수준에 이르렀다고 사실과 다른 주장을 한 것을 소재로 삼았습니다. 미국 연방수사국 통계

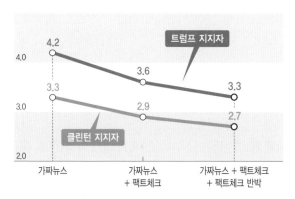

**표 21-3** 팩트체크가 가짜뉴스 수용도에 미치는 영향
※5점 척도 기준　　　　　　　　　　　　　　　출처: 폴리티컬 비헤이비어(2017)

트럼프 지지자

4.2

3.6

3.3

4.0

3.3

3.0

2.9

2.7

2.0

클린턴 지지자

가짜뉴스　　　　가짜뉴스　　　　가짜뉴스 + 팩트체크
　　　　　　　+ 팩트체크　　　+ 팩트체크 반박

에 의하면, 미국 범죄율은 트럼프의 주장과는 반대로 1991~2015년 사이에 절반 수준으로 대폭 하락했습니다. 실험은 다음과 같이 진행됐습니다. 범죄율에 대한 트럼프의 메시지(가짜뉴스)를 모두에게 보여주고, 그중 일부에게는 연방수사국의 실제 범죄통계(팩트체크)를 제시했습니다. 나아가서 또 다른 일부에게는 트럼프 선거운동 책임자였던 폴 매너포트가 연방수사국을 신뢰할 수 없다면서 이 통계를 일축하는 메시지(팩트체크의 부정)까지 추가로 제시했습니다. 물론 가짜뉴스만 보여준 그룹도 당연히 존재했죠.

　그 결과를 요약한 것이 [표 21-3]입니다. 그림을 보면, 정도의 차이는 있을지언정 트럼프 지지자와 클린턴 지지자 두 그룹 모두에서 팩트체크가 가짜뉴스에 대한 지지도를 낮췄습니다. 또 추가적으로 팩트체크를 부정하는 메시지 역시 가짜뉴스를 '구출'해내는 데 별다른 힘을

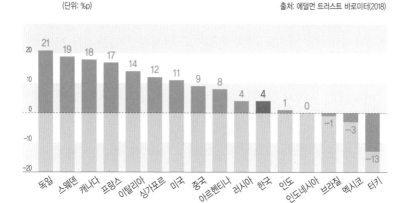

**표 21-4** 각국의 언론 및 기타 플랫폼(SNS·검색서비스) 간 신뢰도 격차

(단위: %p)

출처: 에델먼 트러스트 바로미터(2018)

쓰지 못했습니다.

## :: 팩트체크보다 중요한 건 언론의 신뢰 회복이다 ::

너무 당연한 얘기겠지만 가짜뉴스 확산의 가장 큰 자양분은 기존 언론에 대한 불신입니다. 장기간에 걸친 공영방송의 공정성 하락, 끊이지 않는 '기레기(기자와 쓰레기를 합성한 비하 용어) 논쟁' 등을 고려할 때 우리는 가짜뉴스 확산에 대해 좀 더 경각심을 가져야 할 것 같습니다. 국제 비교를 조금 살펴보겠습니다. 영국 옥스퍼드대학 부설 로이터저 널리즘 연구소의 '뉴스 신뢰도 국제비교'에 의하면, 한국은 조사 대상 28개국 중 그리스와 더불어 최하위였고,[21] 글로벌 여론조사 기관인 퓨리서치센터의 미디어 만족도 조사에서도 37개 대상국 중 36위였습니

다.[22] 이뿐 아닙니다. [표 21-4]에서 보듯이 전문 언론기관(기존 언론사, 온라인 언론사 등) 신뢰도와, 내용의 질을 확인하기 어려운 플랫폼(SNS 및 각종 검색 서비스 등) 신뢰도 사이의 격차도 국제적인 기준에서 보면 한국이 낮은 편입니다.[23]

이제까지 우리가 살펴본 것처럼 가짜뉴스 논란은 비교적 최근의 현상이고 지금도 양상이 급변하고 있는 영역이어서, 아직 확고한 정설이 자리 잡고 있지는 못한 것 같습니다. 하지만 다음 몇 가지는 많은 분들이 공감해주실 것이라 생각합니다. 가짜뉴스는 빠르게 확대되고 있으며, 팩트체크를 통한 교정도 제한적이고 완전하게 이루어지지 않는다는 것, 그렇지만 선거 또는 민주주의를 근본적으로 훼손할 만큼 거대한 문제는 아직 아니라는 것, 지금이라도 가짜뉴스의 발호를 막기 위해서는 신뢰를 상실한 언론인들의 반성과 각고의 노력이 필요하다는 것 등입니다. 여러분들도 눈 크게 뜨고 함께해주셨으면 합니다.

# CHAPTER 22

# 표가 결정하는가
# 돈이 결정하는가

1980년대 이래 각국에서 불평등이 심해진 여러 이유 중에서 주로 지목된 것은 세계화와 자동화입니다. 세계화로 인해 선진국의 제조업체가 저임금을 찾아 저개발 국가로 떠났기 때문에 선진국 중산층 노동자들이 실직하게 되고 그 결과 불평등이 커졌다는 주장은 폭넓게 인정받았습니다. 이에 기초하여 반세계화 열풍이 미국과 유럽에서 거세게 불었습니다. 유럽에서는 주로 난민에 대한 반대로 나타났고, 미국에서는 트럼프에 의한 자유무역협정의 파기와 무역전쟁의 형태로 나타났습니다. 또 인공지능 등 자동화의 급격한 진척에 따라 대량으로 일자리가 사라졌지만 이를 대체할 새로운 일자리가 등장하지 않아 양극화가 극심해졌다는 생각도 상당히 확산되어 있습니다. 이와 관련하여 기본소득 등 급진적인 정책 대안이 일부 제기되기도 하였습니다.

이 두 가지가 불평등의 원인을 기술적, 경제적 성격에서 찾는 것이라면 제3의 설명으로 부각된 것은 정치적 원인입니다. 불평등이 심각해짐에 따라 사회의 자원이 소수의 부유층에게 집중되었는데 부유층은 그들의 부를 이용하여 정치적 영향력을 키웠기 때문에, 정치가 불평등을 완화시키는 것이 아니라 오히려 증폭시켰다는 주장입니다. 그 대표적인 사례인 '정치의 금권화(plutocracy)'에 대해서 살펴보겠습니다.

## :: 국가의 정책은 부자의 선호도에 달려 있다 ::

민주주의의 가장 중요한 구성 요소는 '1인 1표'라고 하는 보통·평등선거입니다. 민주주의 국가에서 국민은 신분, 성별, 재산 등과 무관하게 누구나 한 표를 행사하여 자신을 대변할 정치인 선출에 참여합니다. 만약 불평등이 심해진다면 경제적으로 곤궁하게 된 다수의 유권자들은 불평등을 완화할 정책을 내놓는 정치인을 선출하기 때문에 자본주의의 불평등은 끝없이 진행되는 것이 아니라 적절한 선에서 규율되리라는 믿음이 있었습니다.

하지만 점차 민주주의의 1인 1표 원칙에도 불구하고, 실제로 모든 사람의 이해가 균일하게 반영되지 않을 수 있다는 의심이 커지기 시작했습니다. 미국의 저명한 헌법학자 로버트 달(Robert A. Dahl)은 1961년 그의 저서 《누가 지배하는가(Who Governs?)》에서 "모든 성인이 투표할 수 있는 나라, 하지만 지식, 재산, 사회적 신분, 관료와의 관계 등 모든 자원이 불균등하게 분배되어 있는 나라, 과연 이런 나라는 누가 지배하는 것일까?"라는 질문을 던진 바 있습니다.[24]

이 분야 연구에서 최근 화제가 된 인물은 미국 프린스턴대학의 마틴 길렌스(Martin Gilens)와 노스웨스턴대학의 벤저민 페이지(Benjamin I. Page) 교수였습니다. 이들은 1981~2002년 미국에서 시도된 중요 정책 1,779건 중 현실에서 구현된 것과 그렇지 못한 것을 구분하여 어떤 요인이 정책의 실현에 영향을 미쳤는지를 분석했습니다.[25]

[표 22-1 Ⓐ]를 보면 일반인(중위소득 집단)들의 정책에 대한 지지 여부는 정책의 실현에 아무런 영향을 미치지 못하였습니다. 일반인들이 거의 지지하지 않는 정책이나, 압도적으로 지지하는 정책이나 모두 30퍼센트 정도 실현되었습니다. 반면 부유층(소득 상위 10퍼센트 집단)의 지지가 높은 정책일수록 실현되는 정도가 뚜렷이 높아졌습니다. 이들이 거의 지지하지 않는 정책의 실현 비율은 5퍼센트 정도에 지나지 않았지만, 압도적으로 지지하는 정책은 실현 비율이 60퍼센트 이상으로 치솟았습니다. 이를 통해 미국의 정책은 일반인들이 아니라 부유한 사람들의 선호에 반응하여 결정된다는 것을 확인할 수 있습니다.

길렌스와 페이지 교수는 미국의 중요한 이익단체들이 각 정책에 대해 어떤 태도를 취했는지도 조사했습니다. [표 22-1 Ⓑ]를 보면 지지하는 이익단체가 많고 반대하는 이익단체가 적을수록 정책의 실현 가능성이 높아진다는 것을 알 수 있습니다. 더 나아가 재계의 이익단체(예를 들어 미국총기협회)와 대중 이익단체(노조 등)를 구분하여 살펴보았는데, 전자가 압도적으로 영향력이 컸습니다. 이를 통해 미국의 정책에

표 22-1 미국의 정책 지지도와 실현 비율

(단위: %)                    출처: 퍼스펙티브 온 폴리틱스(2014)

Ⓐ 계층별 정책 지지도와 정책 실현

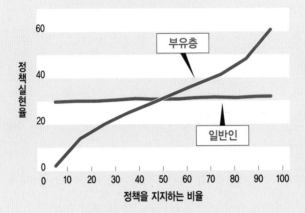

Ⓑ 이익집단의 지지와 정책 실현

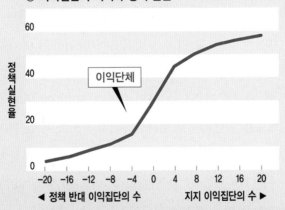

는 이익단체의 영향이 작동하며 그 핵심에 재계 이익단체가 있다는 것도 확인되었습니다.

## :: 지역 유권자보다 지역 유지가 힘이 센 이유 ::

부자들의 입장은 어떤 경로를 거쳐 정책에 반영될까요? 정책이 결정되는 최종 지점이 의회 입법이기 때문에, 의원들이 부유층의 영향을 받지 않을까라는 점에 학자들이 관심을 갖게 되었습니다. 미국 스탠퍼드대학의 정치학자인 애덤 보니카(Adam Bonica) 교수 팀이 2013년 발표한 논문 〈민주주의는 왜 불평등의 심화를 막지 못하였는가〉를 보면, 부유층의 정치자금 기부가 최근 급증한 것을 알 수 있습니다.[26] [표 22-2]를 보면 1980년대 이래 소득 상위 0.01퍼센트에 속하는 최고 부유층 가구의 경우 소득도 증가하였지만, 이것보다 훨씬 더 빠른 속도로 정치인에 대한 기부금 비중이 늘어났습니다. 1980년대에는 정치 기부금에서 부유층이 차지하는 비중이 10퍼센트대였지만, 2010년 이후 무려 40퍼센트 이상까지 치솟았습니다. 2016년 미국 대선을 앞두고 《뉴욕 타임스》의 조사에 따르면, 정치 기부금을 가장 많이 낸 158가구가 미국 전체 1억 2,000만 가구가 낸 정치 기부금의 거의 절반을 차지하였다고 합니다.[27]

이렇게 늘어난 부유층의 정치 기부금이 실제 어떻게 작동하는지를 밝힌 것은 미국 브리검영대학의 정치학자 마이클 바버(Michael J. Barber)였습니다. 그는 2016년 발표한 〈기부자, 당원, 투표인에 대한 상

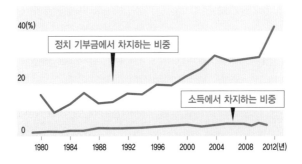

표 22-2 미국 소득 상위 0.01% 가구의 경제 · 정치적 비중

출처: 저널 오브 이코노믹 퍼스펙티브(2013)

정치 기부금에서 차지하는 비중

소득에서 차지하는 비중

원의원의 대변〉이라는 논문에서, 2012년 선거에 당선된 상원의원에게 기부금을 낸 2만여 명의 기부자들을 대상으로 정책 성향을 조사했습니다.[28] 그리고 각 지역별 투표자들의 정책 성향에 대한 하버드대학의 조사 자료와 의안 투표에 기초한 상원의원의 정책 성향을 집계하였습니다.

[표 22-3]의 기부자 항목을 보시면 상원의원의 정책 성향과 해당 상원의원에게 정치자금을 제공한 기부자의 정책 성향 사이의 거리가 0에 가깝다는 것을 볼 수 있습니다. 이것은 의원과 기부자의 정책에 대한 성향이 거의 동일하다는 것, 즉 의원이 기부자의 정책 성향에 따라 의안 투표를 한다는 것을 보여줍니다. 의원들은 심지어 자신의 지역구에서 실제로 자신에게 투표한 유권자의 정책 성향보다도 기부자의 정책 성향에 더 민감하게 반응했습니다. 그리고 해당 지역의 전체 투표자(즉 다른 후보를 찍은 경우를 포함)의 정책 성향에 대해서는 반영도가

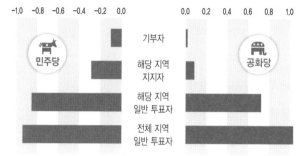

**표 22-3** 미국 상원의원과 정치자금 기부자의 정책 선호 거리

출처: 퍼블릭 오피니언 쿼털리(2016)

매우 낮아서(즉 거리가 멀어서), 전체 국민의 정책 성향과의 거리와 거의 차이가 없을 정도였습니다.

이처럼 여러 정치학자들의 분석을 통해서 우리는 미국에서 부유층의 돈이 정치에 더 많이 흘러들어 가고 있고, 이를 통해 의원들이 부자들의 의견을 더 많이 따르게 되며, 그 결과 최종적으로 부유층이 원하는 대로 정책이 결정되는 경향이 매우 크다는 것을 확인할 수 있었습니다. 과연 이러한 현상이 미국만의 일일까요? 유럽의 경우 미국보다는 상대적으로 돈이 정치에 끼치는 영향이 적다고 알려졌습니다. 하지만 미국 텍사스대학의 데릭 엡(Derek A. Epp)과 포르투갈 리스본대학의 인히쿠 보르게투(Enrico Borghetto) 교수가 진행하고 있는 〈유럽의 불평등과 입법 의제〉라는 연구에 의하면 유럽에서 불평등이 심화될수록 불평등에 직접적인 영향을 끼치는 경제적 이슈들에 대한 논의는 오히려 줄어든다고 합니다.[29] 이들은 이것이 부유층의 정치적 영향 때문일 것으로 추측하고 있습니다.

## :: 부자들의 정치 기부금을 제한하라 ::

한국에서는 금권정치에 대한 본격적인 연구는 거의 찾아볼 수가 없는데, 정치자금이 과거에 주로 불법적인 방식으로 모집되었기에 연구가 어려운 것이 아닐까 생각합니다. 재벌들이 저마다 수백억씩 현금을 내서 한나라당 이회창 후보 캠프에 전달한 초유의 '차떼기' 사건이 있었던 게 2002년이었고, 금액은 크게 차이가 났지만 2002년 대선에서 노무현 캠프도 불법 정치자금에서 자유롭지 못했습니다. 수십 년 동안 한국의 정치자금은 음지에서 움직였습니다.

그 후 2003년 여야 합의로 대대적인 정치자금법 개정이 이루어졌습니다. 이것을 계기로 정치자금 모금의 한도가 대폭 축소되었고, 법인의 정치자금 기부가 원천적으로 봉쇄되었습니다. 법인의 정치자금 기부를 금지한 나라는 전 세계에서 24퍼센트에 불과합니다. 미국의 경우 공식 통계상으로는 금지된 것으로 분류되지만, 특정 후보를 지지하기 위한 민간단체인 슈퍼정치위원회(super political action committee) 등을 통해 우회적으로 얼마든지 법인 자금이 정치권에 흘러들어 갈 수 있습니다. 이런 것을 보면 우리의 정치자금법은 대체로 양질이라고 생각합니다. 물론 불법적인 경로로 전달되는 정치자금에 대해서는 민감하게 감시해야 할 것입니다.

2018년 노회찬 의원이 안타깝게 세상을 뜬 뒤 일부에서 진보 진영에 불리한 정치자금법을 개혁하자는 얘기가 커지고 있습니다. 저 역시 현재 법이 원외의 정치 신인에게는 일방적으로 불리하고, 국고보조금 배분 시 비교섭 단체를 소홀히 다루기 때문에 손을 볼 여지가 있다고 생각합니다. 다만 혹시라도 정치자금법 개혁을 빌미로 정치자금 총액 한도가 대폭 늘어나거나, 부유층과 기업이 정치 기부금으로 영향력을 행사하지 않도록 해야 할 것입니다. 그것은 재산과 소득의 기울어진 운동장이 정치에 그대로 반영되는 일이고, 아마도 고 노회찬 의원께서 가장 바라지 않는 일일 것입니다.

# CHAPTER 23

미국 중간선거 분석

# 그 나물에 그 밥의 정치?
# 누구를 선택할 것인가

2018년 11월 7일 미국에서는 중간선거가 있었습니다. 이번 선거는 미국 역사상 이보다 더 치열한 중간선거가 없었다는 얘기가 나올 만큼 수많은 화제를 양산했는데요. 우선 미국의 선거 제도에 익숙하지 않은 분들을 위해 개략적인 설명부터 드리는 것이 좋을 것 같군요. 미국은 4년에 한 번 대통령 선거가 있는데, 이때 연방 하원의회(435석) 선거도 동시에 치릅니다. 하원의원의 임기는 2년밖에 되지 않아 대통령 선거 사이에 하원의원 선거를 한 번 더 해야 하는데 이것을 '중간선거'라고 합니다.

상원은 100석으로 구성되고 임기는 6년입니다. 특이하게도 상원의원 선거는 한 번에 치르지 않고 세 개의 클래스(클래스 1은 33석, 클래스 2는 33석, 클래스 3은 34석)로 나눈 뒤 2년마다 클래스별로 돌아가며 선거를 개

표 23-1 미국 하원 중간선거 의석 예측과 결과　　　　출처: 파이브서티에이트(2018)

Ⓐ 예측

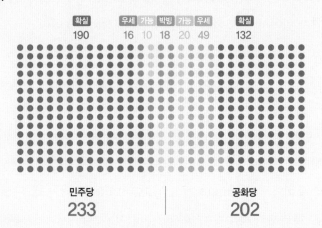

Ⓑ 결과

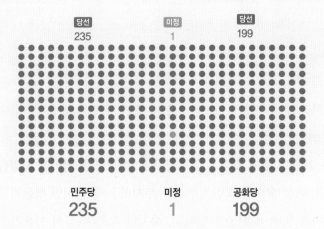

최합니다. 2018년에는 클래스 1에 속하는 33석에 대한 선거가 있는 해로 여기에서 당선된 상원의원은 2024년까지 임기가 보장됩니다. 다만 2018년 중간선거는 다른 그룹에 속하지만 궐석이 된 두 석에 대한 보궐선거가 있어서 총 35석의 상원 의석을 결정하였습니다.

## :: 미 중간선거는 집권당의 무덤이다 ::

먼저 하원 선거 결과부터 보시죠. 하원은 지난 2016년 선거에서 공화당이 241석, 민주당이 194석을 획득해서 공화당이 과반수를 점한 다수당이었는데, 2018년 선거 결과는 민주당이 235석, 공화당이 199석을 획득해서 다수당이 바뀌었습니다(초박빙이었던 노스캐롤라이나 주 제9선거구는 이 글을 쓰는 2019년 2월 현재 여전히 미정인 상태입니다). 이 결과는 선거 전부터 널리 예측되었습니다. 미국 언론 중 데이터 분석으로 유명한 블로그인 파이브서티에이트(FiveThirtyEight.com)는 선거를 대략 50여 일 앞둔 2018년 9월 19일에 여론 조사, 전문가 의견, 선거 자금 모집 현황 등을 종합적으로 고려해서 민주당이 233석, 공화당이 202석을 차지할 것이라고 예측했으니([표 23-1 Ⓐ] 참고) 거의 정확하게 맞추었다고 할 수 있습니다.

2018년 선거 결과로 공화당은 42석의 하원 의석을 잃었습니다. 트럼프 대통령의 법과 민주주의를 무시하는 돌출적인 행동과 그에 따른 지지율 하락이 한 이유입니다. 하지만 그것 이상의 이유가 있습니다. [표 23-2]를 보시면 지난 100여 년 동안 치러진 스물여덟 번의 중간선

표 23-2 미국 중간선거와 집권당 하원 의석수 변동

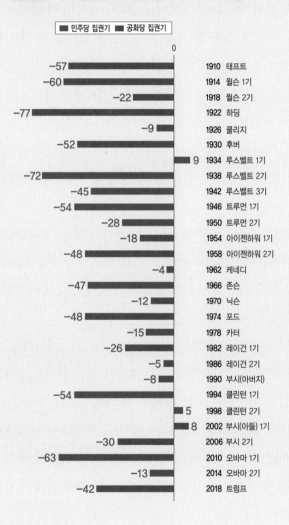

■ 민주당 집권기   ■ 공화당 집권기

| 값 | 연도 | 대통령 |
|---|---|---|
| −57 | 1910 | 태프트 |
| −60 | 1914 | 윌슨 1기 |
| −22 | 1918 | 윌슨 2기 |
| −77 | 1922 | 하딩 |
| −9 | 1926 | 쿨리지 |
| −52 | 1930 | 후버 |
| 9 | 1934 | 루스벨트 1기 |
| −72 | 1938 | 루스벨트 2기 |
| −45 | 1942 | 루스벨트 3기 |
| −54 | 1946 | 트루먼 1기 |
| −28 | 1950 | 트루먼 2기 |
| −18 | 1954 | 아이젠하워 1기 |
| −48 | 1958 | 아이젠하워 2기 |
| −4 | 1962 | 케네디 |
| −47 | 1966 | 존슨 |
| −12 | 1970 | 닉슨 |
| −48 | 1974 | 포드 |
| −15 | 1978 | 카터 |
| −26 | 1982 | 레이건 1기 |
| −5 | 1986 | 레이건 2기 |
| −8 | 1990 | 부시(아버지) |
| −54 | 1994 | 클린턴 1기 |
| 5 | 1998 | 클린턴 2기 |
| 8 | 2002 | 부시(아들) 1기 |
| −30 | 2006 | 부시 2기 |
| −63 | 2010 | 오바마 1기 |
| −13 | 2014 | 오바마 2기 |
| −42 | 2018 | 트럼프 |

거에서 단 세 번의 예외를 제외하면 대통령이 소속된 집권당이 하원 의석을 잃었고, 40석 이상 의석이 줄어든 경우도 열세 차례나 됩니다. 이 현상에 관해서는 미국 다트머스대학의 조지프 바푸미(Joseph Bafumi) 교수 팀이 제시한 '정당 균형(party balancing)' 이론이 현재 가장 유력한 설명으로 자리 잡고 있습니다. 권력이 너무 한쪽으로 치우치는 것을 견제하는 미국 유권자의 성향 때문에 중간선거에서 집권당이 패배하는 경향이 나타난다는 것입니다.[30]

상원은 중간선거 전에 51석 대 49석으로 공화당이 다수당이었는데, 중간선거 이후 53석 대 47석으로 민주당이 두 석을 잃었습니다(정확하게 말하자면 메인 주의 앵거스 킹(Angus King)과 버몬트 주의 버니 샌더스(Bernie Sanders) 상원의원은 무소속이지만 민주당 전당대회에서 활동하기 때문에 미국의 모든 언론에서 이 둘은 민주당으로 포함하여 계산하고 있습니다). 파이브서티에이트는 공화당과 민주당의 의석이 51 대 49로 유지될 것으로 예측했었습니다 ([표 23-3 Ⓐ] 참고).

상원에서는 '정당 균형'의 힘이 작동하지 않는 것일까요? 그렇다기보다는 지난 2018년 상원 선거가 민주당에 워낙 불리한 것이 이유라고 합니다. 앞서 말씀드린 대로 상원은 세 개의 클래스로 나누어서 선거를 치르는데, 2018년 선거를 치른 35곳 중 민주당이 차지하고 있었던 지역이 26곳이고 공화당이 차지하고 있었던 지역은 9곳에 불과했습니다. 공화당이 차지하고 있었던 42개 의석은 아예 선거 자체가 없었던 것이죠.

**표 23-3** 미국 상원 중간선거 의석 예측과 결과　　　　출처: 파이브서티에이트(2018)

Ⓐ **예측**

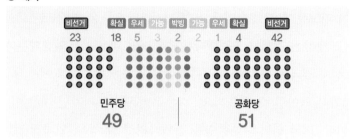

Ⓑ **결과**

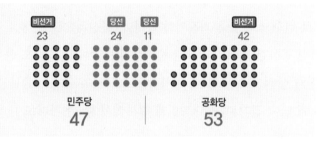

:: 트럼프의 탄핵이 정말 가능한가 ::

　선거 전 예측에 의하면 민주당이 약진하여 트럼프 대통령이 가장 큰 타격을 받게 될 것으로 보는 시각이 많았습니다. 정부 내부 인사들과 유력 언론인들이 트럼프 정부의 난맥상을 고발하는 책들을 잇달아 출간하면서 위기감이 커지고 있었고, 급기야 2018년 9월 5일 익명의 트럼프 정부 고위공직자가 '우리는 트럼프가 미국을 더 이상 망치지 않도록 레지스탕스처럼 숨어서 미국을 위해 일하고 있다'는 기고문을 《뉴

욕 타임스》에 발표해서 미국 정가는 벌집을 쑤셔놓은 듯 난리가 날 정
도였습니다.[31]

　　이 기고문에 따르면 이들 자칭 레지스탕스들은 한때 트럼프 대통
령을 교체하는 것까지 고려했다는 충격적인 내용도 논의했다는데요.
이번 선거 결과에 따라 트럼프 대통령이 조기에 대통령 직에서 내려오
는 것까지 나아갈 수 있을까요? 결론부터 말씀드리자면 매우 어려워
보입니다. 미국 헌법은 대통령을 탄핵하려고 할 경우, 일차적으로 하
원이 과반수로 탄핵을 의결해야 하고 그 후 상원에서 3분의 2 이상 찬
성으로 탄핵 심판을 통과시켜야 합니다. 현실적으로 탄핵을 가능하게
할 만큼 중요한 범죄의 확고한 증거를 확보할 수 있느냐도 불분명한데
다, 현재 상원 구성을 볼 때 정치적으로도 거의 불가능해 보입니다. 실
제 수백 년에 걸친 미국 대통령제 역사에서 단 한 차례도 대통령의 탄
핵에 성공한 사례는 없습니다(그런 점에서 우리는 대단하지 않습니까?).

　　미국은 우리 헌법과 달리 탄핵 이외의 방법으로 대통령을 교체할
수 있는 절차가 하나 더 있습니다. 앞서 말씀드린 트럼프 행정부 내 익
명의 고위공직자가 언급한 헌법 25차 수정조항입니다. 내각의 과반수
가 대통령이 직무능력을 상실했다고 판단하고 이를 의회에 서면으로
통보하면, 대통령의 권한이 정지되고 부통령이 대행을 하게 됩니다.
이때 대통령이 내각의 의견에 반대하면 최종적으로 의회에서 판단하
게 되는데, 이때 대통령의 직을 박탈하려면 하원과 상원 모두에서 3분
의 2 이상의 의결이 필요합니다. 대통령의 직무능력 상실은 탄핵과는
달리 위법성에 대한 입증은 불필요하지만 여전히 내각 과반수, 상·하

원 각각 3분의 2 이상의 동의가 필요하기 때문에 정치적으로 보면 이역시 거의 불가능해 보입니다.

## :: 민주당의 미래 ::

민주당은 중간선거에서 승리한 후 분기점에 서 있는 것으로 보입니다. 2020년 민주당 대선 후보로 자천타천 언급되는 인물 중 가장 앞서 있다고 보이는 후보로는 오바마 정부 부통령이었던 조셉 바이든(Joseph Biden)과 버몬트 주의 하원의원 8선과 상원의원 재선을 지낸 관록의 상원의원 버니 샌더스, 민주당 내에서 가장 강력하게 트럼프를 비판해온 메사추세츠 주 상원의원인 엘리자베스 워런(Elizabeth Warren)입니다. 이들 외에도 여러 정치인들이 물망에 오르고 있는 상황입니다.

바이든 전 부통령은 민주당 주류 정치인을 대변하지만, 샌더스와 워런 상원의원은 민주당 진보파의 상징과도 같은 인물들입니다. 정책적으로도 이들은 매우 진보적이고 파격적인 공약을 내세우고 있습니다. 샌더스는 '전 국민 건강보험(Medicare for All)'을 핵심공약으로 내세우고 있는데, 소요 예산이 10년간 32조 달러, 연평균 3조 2,000억 달러입니다. 2017년 연방정부 지출액이 3조 7,000억 달러였으니, 기존 예산을 두 배 가까이 확대해야 하는 엄청난 규모입니다. 게다가 지난 오바마 정부가 도입한 온건한 건강보험제도인 오바마케어(Obamacare)조차 트럼프 행정부에서 집중 포화를 받고 있는 것을 고려하면, 미국에서는 매우 급진적인 정책입니다. 그런데 이 정책은 여러 조사에서 이례적으로

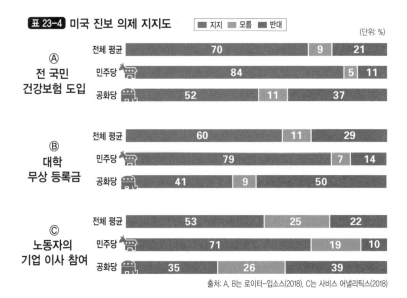

매우 높은 지지를 받고 있습니다. [표 23-4]를 보면 전 국민 건강보험은 70퍼센트의 높은 지지를 받고 있고, 심지어 보수적인 공화당 지지자들도 50퍼센트가 넘게 지지를 보이고 있습니다.

워런은 2018년 8월 '책임감 있는 자본주의 법(Accountable Capitalism Act)'을 발의했는데, 핵심 내용은 기업의 활동은 주주뿐 아니라 이해관계자 전체의 이익에 조응해야 하고, 이를 위해 연 매출 10억 달러 이상의 대기업은 이사회에 노동자 대표를 정원의 40퍼센트 이상 참여시켜야 한다는 것입니다. 미국의 재계는 엄청난 충격에 휩싸였고, 전면전을 치를 기세입니다. 하지만 [표 23-4]에서 보듯 이것 역시 미국인 전체로 보아 50퍼센트가 넘게 지지하고 있고, 공화당 성향 국민들도 35

퍼센트가 지지할 정도로 탄탄한 기반을 갖고 있습니다.

이번 민주당 내 경선에서 차기 민주당 하원 원내대표로 물망에 오르던 뉴욕 출신의 하원의원 조 크롤리를 꺾고 파란을 일으킨 후 하원에 진출한 신예 알렉산드리아 오카시오코르테스(Alexandria Ocasio-Cortez) 등 이번 민주당 경선 돌풍의 주역들이 대부분 전 국민 건강보험, 대학 무상교육, 최저임금 시급 15달러 등 파격적인 정책을 내세우고 있다는 점도 심상치 않게 보입니다. 게다가 오바마 전 대통령도 침묵을 깨고 2018년 중간선거에서 연설에 나서 "최저임금 인상과 같은 전통적인 좋은 정책을 넘어서서, 전 국민 건강보험이나 노동자의 이사회 참여와 같은 새로운 좋은 정책으로 나아가야 한다"고 촉구한 것도 상징적인 의미가 클 것 같습니다.

'민주당이 되든 공화당이 되든 불평등은 지속적으로 악화되었다'는 미국인들의 불만이 2016년 대선에서 트럼프와 같은 이단적인 보수 정치인의 승리로, 그리고 2018년 중간선거에서 급진적인 민주당 진보파의 약진으로 나타나는 현상은 불평등 극복의 단초가 여전히 잘 보이지 않는 한국 정치에도 함의하는 바가 작지 않을 것으로 생각합니다.

CHAPTER

# 24

증거기반정책

# 빈민촌을 벗어나면
# 가난도 벗어날까

2019년 한국 정부 예산은 470조 원으로, 이는 대략 국내총생산의
25퍼센트 정도에 이를 정도로 막대한 금액입니다. 정부 재정 지출에
대해 각 정당은 선거 공약이나 국회의 입법 및 예산 활동을 통해 지출
규모와 사용처를 두고 논쟁하는데, 아쉽게도 이러한 지출이 본래 의
도한 목적을 달성했는지에 대한 실증 작업은 사회적으로 관심이 별로
없는 것 같습니다. 복지 지출이 빈곤율을 얼마나 떨어뜨리는지, 교육
지출이 우리 아이들을 얼마나 똑똑하게 만드는지, 출산장려정책은 출
산율을 얼마나 높이는지, 뚜렷한 답을 찾기 쉽지 않습니다.

선진국들은 이러한 문제에 답하기 위해서 '증거기반정책(evidence
based policy)'이라는 이름으로 정책의 효과를 측정하기 위한 노력을 오랫
동안 기울여왔습니다. 원래 보건·의료 분야에 사용되는 '증거기반의

료' 개념을 정책 분야에 응용한 것으로 신약의 효과를 판정하는 무작위 통제 실험(randomized controlled trial)이 대표적인 방법 중 하나입니다.

## :: 빈민촌에서 나오면 가난을 벗을 수 있을까 ::

미국 정부는 가난한 사람들이 다른 계층과 섞이지 못하고 빈민촌에 모여 거주하게 될 경우, 가난의 문제가 증폭되리라 추측해 왔습니다. 폭력과 마약, 질 나쁜 학교 시설과 교사, 롤모델의 부재 등이 그 근거로 제시되었습니다. 미국에서는 이 문제를 해결하기 위해서 빈민촌의 공공임대주택 거주자들에게 주택 바우처를 지급하여 다른 지역으로 이주시키는 프로그램을 운영해 왔는데, 정작 이 정책이 얼마나 효과가 있는지 정확히 알 수가 없었습니다.

그래서 한국의 국토교통부에 해당하는 미국의 주택도시개발부가 '기회를 찾아 이사가기(moving to opportunity: MTO)' 프로그램을 내놓자 미 의회는 '주택 및 공동체 개발법(Housing and Community Development Act of 1992)'을 제정해 정부로 하여금 MTO 프로그램의 효과를 측정하여 의회에 보고하도록 법에 명시하였습니다.

미 정부는 이 법에 의거하여 1994년부터 5년에 걸쳐 볼티모어, 보스턴, 시카고, 로스앤젤레스, 뉴욕 등 다섯 개 도시의 빈민촌 공공임대주택에서 아이를 키우는 4,600가구를 대상으로 MTO 프로그램을 시행하였습니다. 이때 누구에게 주택 바우처를 줄 것인가가 문제였는데, 통상적으로 수행하는 방식은 다음 두 가지입니다. 첫째, 전체 신청자를 여러 가지 기준에 따라 점수를 부가하여 가장 점수가 높은 순으로 혜택을 줍니다. 둘째, 선착순으로 선정하는 것입니다. 하지만 두 가지 방식 모두 정책 효과를 판정할 때 심각한 결함이 있었습니다. 만약 MTO 프로그램에 따라 이주한 가족이 교육, 취업, 소득 등에서 큰 성과를 냈을 경우, 이 효과가 MTO 프로그램 때문인지 아니면 선정됐던 가구가 본래 상대적으로 뛰어난 가구였기 때문에 MTO 프로그램과 무관하게 성과가 좋은 것인지 판정할 수 없게 됩니다.

그래서 미 정부는 새로운 방식으로 MTO 프로그램 대상을 선정했습니다. MTO에 지원한 가구는 추첨을 통해 (즉 무작위로) 두 그룹에 배정됐는데요. 첫 번째 그룹은 주택 바우처를 지급받는 조건으로 빈민촌이 아닌 지역으로 이사를 가야 하고(실험 그룹), 두 번째 그룹은 바우처를 제공받지 못했습니다(통제 그룹).

## :: 공식 보고서는 아무런 효과도 발견할 수 없었다 ::

MTO 프로그램이 수행된 후 7년이 경과된 시점에, 미국 정부는 의회 제출 보고서를 만들기 위해 미국의 대표적인 경제학 싱크탱크인 전미경제연구소에 분석을 의뢰했습니다. 이에 하버드대학 경제학자인 로런스 카츠(Lawrence F. Katz)와 동료들은 2001년 〈보스턴 지역의 MTO 프로그램: 무작위 이주 실험의 초기 결과〉라는 논문으로 그 내용을 정리했습니다.[32]

이를 살펴보면, 실험 그룹에 속한 가구의 주거환경이 개선되었고,

정신과 육체의 건강도 개선되는 등 긍정적인 요소가 발견되었습니다. 특히 정부가 관심을 갖던 고용은 실험 그룹에 속한 가구의 성인들을 보면 1995년 고용률이 25퍼센트였던 데 반해 5년이 경과한 2000년 이후에는 50퍼센트 수준을 유지할 만큼 뚜렷이 개선되었습니다. 통상적인 정책 효과 측정이었다면 이것만으로도 이 정책은 성공적이라는 평가와 함께 대규모로 확대되었을 것입니다.

하지만 연구진은 여기에서 멈추지 않고 주택 바우처를 받지 못한 통제 그룹과 실험 그룹을 비교했습니다.[33] [표 24-1]을 보시면 놀랍게도 두 비교 그룹의 패턴은 동일했습니다. 주택 바우처를 받지 못한 집단의 고용률도 이 기간 동안 25퍼센트에서 50퍼센트로 상승했습니다. 이로부터 연구자들은 고용률이 빠르게 상승한 것은 주택 바우처의 효과가 아니라 전반적인 경기 회복의 결과 때문인 것으로 판단했습니다.

중간 평가 결과는 실망스러웠지만, 미국 정부와 의회는 정책이 장기적으로는 효과를 내지 않을까 기대를 갖고는 MTO 프로그램이 수행된 지 10년이 지난 시점에 다시 한번 전미경제연구소에 최종 보고서를 작성하게 하였습니다.[34] 이 보고서 작성에 참여한 시카고대학의 젠스 루드비히(Jens Ludwig) 교수 팀은 2013년 〈이웃이 저소득층 가족에 미치는 장기 효과: MTO의 증거〉라는 논문을 발표하였습니다.[35]

장기 결과도 중간 평가와 마찬가지로 MTO 프로그램은 정신과 육체의 건강은 개선하였지만, 유감스럽게도 고용과 소득에 미치는 효과는 발견되지 않았습니다. 그런데 이들이 주목한 것은 프로그램이 시행될 당시 15~20세 사이의 청소년들이었습니다. 대체로 성인들은 인적

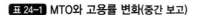 

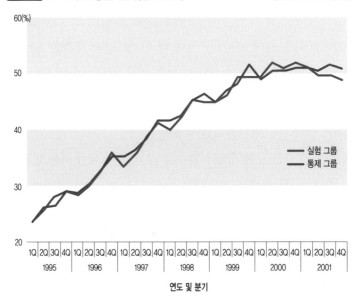

표 24-1 MTO와 고용률 변화(중간 보고)    출처: 이코노메트리카(2007)

자본 형성이 이미 완료된 상태이기 때문에 MTO를 통해 이주하더라
도 개선된 주거환경이 당사자에게 미치는 효과가 제한적이지만, 청소
년들은 이주 후 교육환경이 개선되면 성인보다 더 유의미하게 향후 취
업과 소득에 긍정적 영향을 받지 않을까 생각한 것입니다. 하지만 이
세대로 분석의 초점을 맞추더라도, 실험 그룹과 통제 그룹 간의 의미
있는 차이가 발견되지 않았습니다.

　이로써 MTO 실험은 다양한 장점에도 불구하고 경제적 효과는 단
기든 장기든, 성인이든 청소년이든 모두 나타나지 않는 것으로 공식
보고되고 종료되었습니다. 하지만 여기서 포기하지 않고 더 깊은 곳으

로 나아간 경제학자들이 있었습니다.

## :: 경제학자들의 끝나지 않은 추적 ::

현대 미국 경제학계에서 경제정책 분야의 최고 스타 중 한 명인 하버드대학의 라지 체티(Raj Chetty) 교수는 2016년에 기존 보고서보다 더 장기에 걸친 분석을 발표하였습니다.[36] 문제는 MTO 프로그램의 추적이 최종 보고서를 작성한 이후 종료되어 더 이상의 데이터를 확보할 수 없었다는 점입니다. 그는 이 문제를 해결하기 위해 기존의 MTO 데이터를 미 정부의 소득세 자료와 연계하였습니다. 그 결과 MTO의 실험 그룹과 통제 그룹에 속했던 어린아이들이 성인이 된 후의 소득을 추적할 수 있게 되었습니다. 그 결과가 [표 24-2]에 표시되어 있습니다.

실험 그룹에 대해서는 경제적 효과가 분명하다는 것을 알 수 있는데요. 실험 그룹의 12세 이하 아이들은 추첨에서 탈락하여 MTO 프로그램 혜택을 받지 못한 또래 아이들에 비해 대략 20대 중반부터 소득이 높아져서 20대 후반이 되면 연 소득이 약 2,500~3,000달러 더 높았습니다. 체티 교수에 따르면 실험 그룹의 성인들은 물론 15~20세 사이의 청소년들도 이주 시점 당시 상당히 성장한 상태여서 인적자본 축적에 미치는 효과가 미미하였지만, 그보다 어린 12세 이하의 아이들은 새로운 환경의 효과를 충분히 흡수하여 경제적 이익이 발생했다는 것입니다.

체티 교수가 이처럼 분석 대상의 시간적 지평을 넓혔다면, 버지니

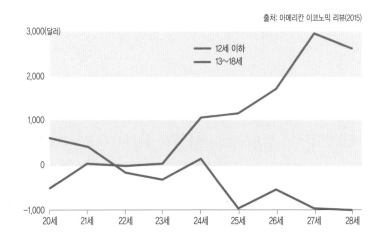

표 24-2 **MTO의 주택 바우처가 소득에 미치는 장기 영향**
**(실험 그룹 소득에서 통제 그룹 소득을 제한 금액의 변화)**

출처: 아메리칸 이코노믹 리뷰(2015)

아대학 에릭 친(Eric Chyn) 교수는 빈민촌에서 탈출시키는 MTO 프로그램 정책의 효과를 판단할 때 '자발성'이라는 중요한 요인이 누락될 수 있음에 주목했습니다.[37] 그의 추리는 다음과 같았습니다. 'MTO에 지원한 이들을 추첨으로 그룹을 나누었지만, 사실 이러한 프로그램에 지원한 부모들은 다른 일반적인 빈민촌 거주 부모들보다 자식의 교육 환경에 민감한 것이 아닐까? 그래서 설령 추첨에 떨어져 주택 바우처를 받지 못하는 통제 그룹에 속한다고 하더라도 이들 부모는 지원조차 하지 않은 다른 빈민촌 거주 부모들에 비해 자식이 유해한 환경에 노출되지 않도록 더 노력하는 부모가 아닐까? 그래서 효과가 거의 없다고 나타난 것은 아닐까?'

그가 맞닥뜨린 난관은 MTO 실험 시 아예 프로그램에 지원하지

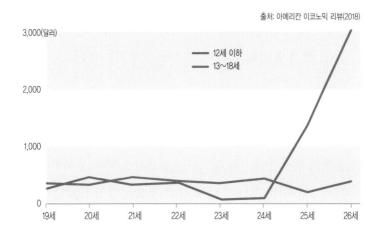

**표 24-3** 시카고의 주택 바우처가 소득에 미치는 영향
(실험 그룹 소득에서 통제 그룹 소득을 제한 금액의 변화)

출처: 아메리칸 이코노믹 리뷰(2018)

않은 가구에 대해서는 어떤 자료도 갖고 있지 않다는 것이었는데요. 그는 1990년대 시카고에서 행해진 빈민촌 공공임대주택 개혁에 주목했습니다. 이 시기 시카고 시 당국은 노후된 공공임대주택 중 일부를 철거하고 그곳에 거주하던 가구에 MTO와 유사한 이주 바우처를 제공하였습니다. 이를 통해 '철거로 바우처를 받은 실험 그룹'과 '철거를 면해 바우처를 받지 않는 통제 그룹' 사이의 비교가 가능하였는데, 이 두 그룹은 당사자들이 신청한 것이 아니기 때문에 MTO의 프로그램 분석에서 발생한 지원자 집단이 전체 집단을 대표하지 못하는 문제가 해결되었습니다. 분석의 결과를 [표 24-3]에 정리했는데요. 표를 보시면 이주 시점 당시 13~18세였던 청소년의 경우에도 이주하지 않은 청소년에 비해 금액은 크지 않지만 성인이 된 후 소득이 높았고, 특

히 7~12세 아이들의 경우 20대 중반이 되면 소득 격차가 급등하여 연 3,000달러 이상 차이가 났습니다.

## :: 정책 효과의 확실한 증거를 찾으려는 노력 ::

MTO와 같은 개별 정책은 도입되는 국가의 환경에 따라 효과가 다를 테니, 이 정책의 효과 자체가 저의 주된 관심사는 아닙니다. 저는 오히려 정책의 엄격한 증거를 찾으려는 집요한 노력에 주목합니다.

미국에서 MTO의 기반이 된 법률이 제정된 것이 1992년이니 거의 30년 전에 미국의 의회와 행정부는 증거기반정책에 입각해 무작위 통제 실험을 대규모로 수행하고, 최고의 경제학자들을 고용하여 10여 년에 걸쳐 추적, 조사하게 했습니다. 그리고 최종 보고서가 나오고 결론이 났다고 생각했을 수 있는 순간에도 경제학자들은 정책 효과에 대한 객관적 증거를 찾기 위해 끈질기게 노력했습니다. 이를 통해 사장될 뻔한 MTO는 미국에서 점차 확대될 가능성이 커졌습니다. 그리고 정책을 추진할 때 관련된 다양한 효과에 대해서 보다 신뢰할 수 있게 되었습니다. 우리가 배워야 할 것은 이것이 아닐까요?

# CHAPTER 25

**공매도의 가격발견**

# 주식이 떨어질 때
# 돈을 버는 청개구리

2018년 4월 6일 삼성증권의 우리사주 배당 오류로 유령주식이 생겨나고 이를 일부 직원들이 팔아넘기는 사건이 발생했습니다. 사건 발생 당일 청와대에 '삼성증권 시스템 규제와 공매도 금지'라는 국민청원이 올라왔고, 그해 5월 말까지 24만 명이 넘는 분들이 이 청원에 동참할 정도로 큰 공감을 보였습니다. 그런데 청원 내용 중 '시스템 규제'는 이번 사태와 직접 관련이 있기 때문에 당연한 문제제기라 할 수 있지만, '공매도 금지'는 도대체 어떤 관련이 있기에 이토록 공분을 사고 있는 것일까요?

:: 공매도의 가격발견 기능 ::

일반적으로 주식 거래를 하는 분들은 주가가 지금보다 더 오르리

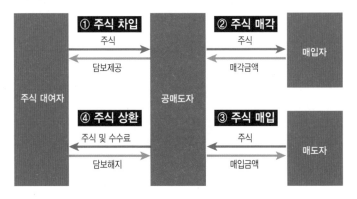

**표 25-1** 공매도는 어떻게 이루어지나

라고 생각하고 참여합니다. 다 아시겠지만 특정 기업의 주식 100주를 주당 5만 원에서 사서 이후 6만 원으로 올랐을 때 매각하면, 차액 100만 원에서 수수료를 차감한 금액만큼 이익을 얻게 됩니다. 공매도 거래는 이와 대칭적입니다. [표 25-1]에서 보듯이 미래에 특정 기업의 주가가 하락할 것이라고 예상할 경우, 공매도로 이익을 낼 수 있습니다. 시가가 6만 원인 주식 100주를 빌려서 이것을 매각해 600만 원을 받습니다. 그리고 주가가 5만 원으로 떨어지면 500만 원을 들여서 100주를 되산 뒤 상환합니다. 이로써 차액 100만 원에서 수수료를 차감한 금액의 이익을 낼 수 있습니다.

공매도는 '주식 차입'에 따라 두 가지 유형으로 구분할 수 있습니다. 앞서 설명한 대로 주식 차입을 먼저 하고 매도하는 것을 '차입 공매도(covered short selling)'라고 합니다. 반면에 주식 차입을 먼저 해두지 않은 상태에서 매각 거래부터 하면 어떻게 될까요? 한국의 주식 시장은 거래 후 2일이 지난 후에 결제를 합니다. 그러니까 이론적으로는 주식을 매각하고, 주가가 하락한 후 결제 이전에 주식을 되사거나 차입해서 결제하는 것도 가능합니다. 이러한 거래를 '무차입 공매도(naked short selling)'라고 하는데, 결제 시점에 양도할 주식이 준비되지 않아 결제가 이루어지지 않을 위험이 있기 때문에 한국을 비롯한 여러 나라에서는 이것을 금지하고 있습니다.

　그렇다면 이렇게 복잡한 공매도는 왜 허용되는 것일까요? 여러 가지 이유가 있겠지만 경제학자들이 가장 중요하게 생각하는 것은 공매도가 가격 발견에 도움을 준다는 것입니다. 주가는 원칙적으로 해당 회사의 진정한 가치를 반영해야 합니다. 진정한 가치에 비해 낮게 평가되는 것도 물론 문제이지만 지나치게 높게 평가되는 것도 바람직하지 않습니다.

　기술 수준, 조직 문화, 시장 전망 등 어떤 것도 확실한 것이 없기 때문에, 사실 기업의 진정한 가치를 정확하게 파악할 묘책은 없습니다. 하지만 대다수의 경제학자들은 여러 투자자들의 다양한 의견이 시장에서 수렴되는 과정을 통해 주식의 가격이 진정한 가치에서 괴리되는 정도를 최소화할 수 있다고 생각합니다. 그래서 저평가됐다고 생각하는 투자자는 매입을 하고 고평가됐다고 생각하는 투자자는 매각을 합니다. 그런데 비관적인 투자자는 낙관적인 투자자와는 달리 매각을 하고 싶어도 해당 주식을 보유하고 있지 않기 때문에 매각에 참여할 수 없는 경우가 많이 있습니다. 비관적인 의견이 체계적으로 배제되면 이 주식은 체계적으로 고평가되는 경향이 있게 됩니다.

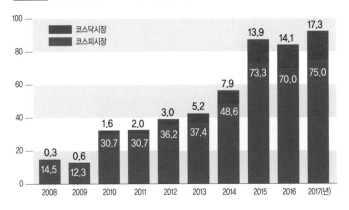

표 25-2 국내 공매도 거래 규모 (단위: 조원)    출처: 자본시장연구원

공매도는 이러한 가격발견 기능을 통해 시장의 효율성을 높인다는 것이 전 세계의 대다수 연구를 통해서 확인됐고, 그래서 각국에서 점차 공매도에 대한 규제가 완화됐습니다. 한국 역시 1969년 처음으로 공매도가 도입되고, 1996년 9월 금융기관 사이의 주식 대여·차입 거래가 허용되면서 이후 지속적으로 공매도 규모가 확대되었습니다. 자본시장연구원의 자료를 정리한 [표 25-2]를 보시면 주식 대차거래는 2008년 15조 원에서 2017년 92조 원으로 크게 늘었습니다. 하지만 한국의 공매도 거래는 전체 주식시장 규모에 비해 크지 않습니다. 2016년 기준으로 보면 코스피시장은 6.4퍼센트, 코스닥시장은 1.7퍼센트에 불과해 뉴욕증권거래소의 42.4퍼센트, 도쿄증권거래소의 39.4퍼센트에 비해 현저히 낮은 수준입니다.

그런데 가격발견 기능은 좀 조심해서 살펴봐야 합니다. 투자자들은 무비판적으로 남들을 따라 하는 경향도 있습니다. 그래서 일부 작전 세력이 공매도를 한 뒤 실제와 다른 부정적인 정보를 유포해 경쟁적 시장 탈출(주식 투매)을 부추길 수도 있습니다.

그런 이유로 2008년 세계 금융위기 및 2011년 유럽 재정위기 직후, 여러 국가에서 금융시장의 안정을 위하여 전면적 또는 부분적으로 공매도 금지 조치가 취해졌습니다. 한국은 과거부터 무차입 공매도는 전면 금지 상태였는데 거기에 더해서 2008년 10월부터 2013년 11월까지 무려 5년 동안 금융주에 대한 공매도가 전면 금지됐고, 비금융주에 대해서도 글로벌 금융위기 시점에 8개월, 유럽 재정위기 시점에 3개월간 전면 금지했습니다. 주요 국가들 중에서 한국은 중국과 더불어 가장 강력하게 공매도를 규제하는 나라입니다.

경제위기와 관련한 공매도 제한 조치는 국가별로 차이가 있기 때문에 경제학자들은 본격적으로 공매도 금지 효과에 대한 분석을 수행할 수 있었습니다. 영국 카스경영대학의 알레산드로 베버(Alessandro Beber)와 이탈리아 나폴리대학의 마르코 파가노(Marco Pagano) 교수의 포괄적인 연구가 2013년 〈세계의 공매도 금지: 2007~2009년 위기에서 발견되는 증거〉라는 논문으로 발표되었는데, 이를 통해 중요한 시사점을 파악할 수 있습니다.[38]

유동성 측면에서 공매도 금지는 부정적인 효과를 미쳤습니다. [표 25-3]에서 각국의 영향을 보면 이탈리아, 오스트레일리아, 노르웨이에 특히 강한 영향을 미쳤고, 영국, 미국, 아일랜드에는 중간 규모의 영향을 미쳤으며, 한국에는 미미한 효과밖에 없었습니다. 국가별로 차이가 나는 중요한 이유는 시가총액이 작고 변동성이 큰 주식에 더

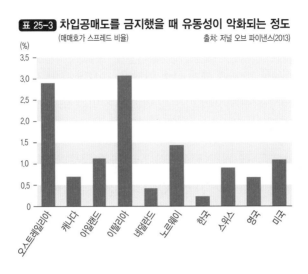

**표 25-3** 차입공매도를 금지했을 때 유동성이 악화되는 정도
(매매호가 스프레드 비율)    출처: 저널 오브 파이낸스(2013)

큰 영향을 미쳤기 때문이라고 합니다.

　규제 당국자가 공매도를 금지한 주요 이유는 경제위기 때 지나친 공포로 인한 주가 폭락 사태가 발생하는 것을 막기 위해서였습니다. 이들은 이 효과에 대해서도 조사를 했습니다. [표 25-4 ⒝]는 미국을 제외한 모든 국가에서 공매도가 금지된 주식과 그렇지 않은 주식의 누적초과수익률을 비교한 것입니다. 전체적으로 두 범주 간의 누적초과수익률 차이는 크지 않습니다. 반면에 미국 주식시장의 경우에는 [표 25-4 ⒜]에서 보듯이, 공매도가 금지된 주식의 누적초과수익률이 그렇지 않은 주식에 비해 뚜렷이 높았습니다.

　하지만 여러 학자들은 이 효과도 분명하지 않다고 생각합니다. 공매도가 금지된 금융주식이 초과수익을 냈지만, 여기에는 공매도 금지의 효과와 대규모 구제금융 계획의 효과가 혼재되어 있다고 생각하고

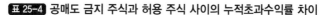

**표 25-4** 공매도 금지 주식과 허용 주식 사이의 누적초과수익률 차이

출처: 저널 오브 파이낸스(2013)

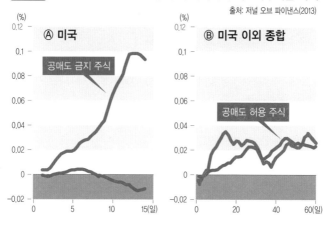

있습니다.

사실 공매도에 관한 국내외 연구를 살펴보면 압도적으로 많은 논문들에서 공매도의 긍정적인 효과를 발견할 수 있습니다. 그래서 미국의 저명한 경제학자들은 '공매도 금지는 주식 가격이 실질 가치로부터 괴리되는 정도를 높이는가'라는 질문에 [표 25-5]에서 보듯 대부분 그렇다고 답합니다. 아니라고 말한 경제학자는 단 한 명도 없었습니다.[39]

:: 공매도는 서구 자본의 음모? ::

그렇다고 아무런 문제가 없는 것은 아닙니다. 중국에서는 공매도가 매우 제한되어 있지만 몇 년 전 미국과 캐나다 증시에 상장되어 있

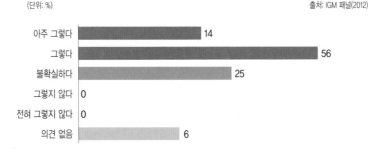

표 25-5 '공매도 금지는 가격과 실질 가치의 괴리를 확대하는가'에 대한 전문가 의견

(단위: %)                                                    출처: IGM 패널(2012)

| 아주 그렇다 | 14 |
| 그렇다 | 56 |
| 불확실하다 | 25 |
| 그렇지 않다 | 0 |
| 전혀 그렇지 않다 | 0 |
| 의견 없음 | 6 |

던 중국 기업인 시노 포리스트(Sino-Forest), 포커스 미디어(Focus Media) 등이 금융 사기에 해당한다는 문제 제기와 대규모 공매도로 주가가 폭락했고 결국 상장이 폐지되기에 이르렀습니다. 이에 대해 공매도를 통해 금융 사기가 적발되어 투자자 피해를 방지했다는 시각이 있는 반면, 일부 중국인들 사이에서는 서구 자본의 공매도가 중국 기업을 위협하는 원흉이라는 주장도 널리 유포되었습니다.

금융시장이 가장 발달한 미국에서도 공매도에 대한 시비는 지속되고 있습니다. 대형 증권사들이 공매도 거래에 나선 헤지펀드 등에 주식 대여 수수료를 챙기면서 실제로는 주식을 준비하지 않아, 금지된 무차입 공매도를 방조하고 있다는 것입니다. 대표적인 사례로 의류 소매기업인 오버스톡(Overstock)은 무차입 공매도로 인해 주가가 폭락하는 손실을 입었다고 주장하면서 대형 증권사들을 상대로 소송을 벌였고, 결국 골드만삭스와 메릴린치로부터 피해보상을 받고 고소를 취하하기도 했습니다.

이제까지 살펴본 것처럼 공매도는 증권시장에서 유동성과 가격발견 등의 효과가 분명히 있기 때문에 일부 부작용의 가능성이 있다고 하더라도 공매도 자체를 폐지하는 것은 무리라고 생각합니다. 하지만 일부 공매도 세력들이 각국에서 시장을 혼탁하게 한다는 것도 부정할 수 없습니다. 공매도 거래의 순기능은 순기능대로 살리되, 금융시장이야말로 '신뢰 없이는 존립할 수 없는' 영역이라는 점을 명심하고 좀 더 투명하게 관리할 수 있는 제도 정비에 지혜를 모을 필요가 있을 것 같습니다.

# 1부

1   Gilovich, Thomas, Robert Vallone and Amos Tversky. 1985. "The Hot Hand in Basketball: On the Misperception of Random Sequences." *Cognitive Psychology*, 17 (3): 295–314.

2   Guryan, Jonathan and Melissa S. Kearney. 2008. "Gambling at Lucky Stores: Empirical Evidence from State Lottery Sales." *American Economic Review*, 98 (1): 458–73.

3   Croson, Rachel and James Sundali. 2005. "The Gambler's Fallacy and the Hot Hand: Empirical Data from Casinos." *Journal of Risk and Uncertainty*, 30 (3): 195–209.

4   Chen, Daniel L., Tobias J. Moskowitz and Kelly Shue. "Decision Making Under the Gambler's Fallacy: Evidence from Asylum Judges, Loan Officers, and Baseball Umpires." *Quarterly Journal of Economics*, 131 (3): 1181–242.

5   Easterlin, Richard. 1974. "Does Economic Growth Improve the Human Lot? Some Empirical Evidence." Paul A. David and Melvin W. Reder eds. *Nations and Households in Economic Growth: Essays in Honor of Moses Abramovitz*. New York: Academic Press, Inc.

6   Blanchflower, David G. and Andrew Oswald. 2017. "Do Humans Suffer a Psychological Low in Midlife? Two Approaches (With and Without Controls) in Seven Data Sets." NBER Working Paper No. 23724.

7   Steptoe, Andrew, Angus Deaton and Arthur A Stone. 2015. "Subjective Wellbeing, Health, and Ageing." *Lancet*, 385 (9968): 640–48.

8   삼성사회정신건강연구소. 2017. 《아무에게도 말할 수 없었던 진심》, 한국경제신문사.

9   Weiss, Alexander, James E. King, Miho Inoue−Murayama, Tetsuro Matsuzawa, and Andrew J. Oswald. 2012. "Evidence for a Midlife Crisis in Great Apes

Consistent with the U—shape in Human Well—being." *Proceedings of National Academy of Sciences of the United States of America*, 109 (49): 19949—52.

10  Grover, Shawn and John F. Helliwell. 2017. "How's Life at Home? New Evidence on Marriage and the Set Point for Happiness." *Journal of Happiness Studies*: 1–18.

11  Larson, Heidi J., Alexandre de Figueiredo, Zhao Xiahong, William S. Schulz, Pierre Verger, Iain G. Johnston, Alex R. Cook and Nick S. Jones. 2016. "The State of Vaccine Confidence 2016: Global Insights Through a 67—Country Survey." *EBioMedicine*, 12: 295–301.

12  Ritov, Ilana and Jonathan Baron. 1990. "Reluctance to Vaccinate: Omission Bias and Ambiguity." *Journal of Behavioral Decision Making*, 3 (4): 263—77.

13  Foot, Philippa. 1967. "The Problem of Abortion and the Doctrine of the Double Effect." *Oxford Review*, 5: 5—15.

14  Thomson, Judith Jarvis. 1985. "The Trolley Problem." *The Yale Law Journal*, 94 (6): 1395—415.

15  Greene, Joshua D., R. Brian Sommerville, Leigh E. Nystrom, John M. Darley and Jonathan D. Cohen. 2001. "An fMRI Investigation of Emotional Engagement in Moral Judgment." *Science*, 293: 2105—8.

16  Awad, Edmond Sohan Dsouza, Richard Kim, Jonathan Schulz, Joseph Henrich, Azim Shariff, Jean—Francois Bonnefon and Iyad Rahwan. 2018. "The Moral Machine Experiment." *Nature*, 562 (7729): 59—64.

17  Higgins, E. Tory. 1997. "Beyond Pleasure and Pain." *American Psychologist*, 52 (12): 1280–300.

18  Chung, Eun Kyoung, Soo Jung Kim and Young Woo Sohn. 2014. "Regulatory Focus as a Predictor of Omission Bias in Moral Judgment: Mediating Role of Anticipated Regrets." *Asian Journal of Social Psychology*, 17, 302–11.

19  이형희, "[인문학 속으로] 미국인 65퍼센트 성취지향형 한국인 65퍼센트 안정지향형."《중앙일보》, 2016년 4월 23일.

20  "야구인 100인에게 묻는다. KBO리그 '일관된 스트라이크 존'이 절실하다."《스포츠조선》, 2018년 2월 19일.

21  마이클 루이스, 김찬별·노은아 공역, 2011.《머니볼》, 비즈니스맵.

22  Parsons, Christopher A., Johan Sulaeman, Michael C. Yates, and Daniel S.

Hamermesh. 2011. "Strike Three: Discrimination, Incentives, and Evaluation." *American Economic Review*, 101 (4): 1410−35.

23  Mills, Brian M. 2017. "Technological Innovations in Monitoring and Evaluation: Evidence of Performance Impacts among Major League Baseball Umpires." *Labour Economics*, 46: 189−99.

24  Kim, Jerry W. and Brayden G. King. 2014. "Seeing Stars: Matthew Effects and Status Bias in Major League Baseball Umpiring." *Management Science*, 60 (11): 2619−44.

25  Chen, Daniel L., Tobias J. Moskowitz and Kelly Shue. "Decision Making Under the Gambler's Fallacy: Evidence from Asylum Judges, Loan Officers, and Baseball Umpires." *Quarterly Journal of Economics*, 131 (3): 1181–242.

26  Green, Etan and David P. Daniels. 2014. "What Does it Take to Call a Strike? Three Biases in Umpire Decision Making." The 8th Annual MIT Sloan Sports Analytics Conference.

27  Leach, Colin Wayne, Russell Spears, Nyla R. Branscombe and Bertjan Doosje. 2003. "Malicious Pleasure: Schadenfreude at the Suffering of Another Group." *Journal of Personality and Social Psychology*, 84 (5): 932−43.

28  Cobbs, Joe and B. David Tyler. 2018. "The Genesis of Team Rivalry in the New World: Sparks to Fan Animosity in Major League Soccer." *Soccer & Society*, 19 (5&6): 798−810.

29  Hoogland, Charles E., D. Ryan Schurtz, Chelsea M. Cooper, David J. Y. Combs, Edward G. Brown and Richard H. Smith. 2015. "The Joy of Pain and the Pain of Joy: In−group Identification Predicts Schadenfreude and Gluckschmerz Following Rival Groups' Fortunes." *Motivation and Emotion*, 39 (2): 260–81.

30  Howley, Peter and Sarah Knight. 2018. "Staying Down with the Joneses: Neighbourhood Differences in the Well−being Effects of Unemployment." Leeds University Business School Working Paper.

31  Witte, Daniel R., Michiel L. Bots, Arno W. Hoes and Diederick E Grobbee. 2000. "Cardiovascular Mortality in Dutch Men during 1996 European Football Championship: Longitudinal Population Study." *The British Medical Journal*, 321: 1552–4.

32  Carrol, Douglas, Shah Ebrahim, Kate Tilling, John Macleod and George Davey Smith. 2002. "Admissions for Myocardial Infarction and World Cup Football: Database Survey." *The British Medical Journal*, 325: 1439–42.

33  Wilbert–Lampen, Ute, David Leistner, Sonja Greven, Tilmann Pohl, Sebastian Sper, Christoph Volker, Denise Guthlin, Andrea Plasse, Andreas Knez, Helmut Kuchenhoff and Gerhard Steinbeck. 2008. "Cardiovascular Events during World Cup." *The New England Journal of Medicine*, 358 (5): 475–83.

34  Ashton, J. K., B. Gerrard and R. Hudson. 2003. "Economic Impact of National Sporting Success: Evidence from the London Stock Exchange." *Applied Economics Letters*, 10 (12): 783–5.

35  Edmans, Alex, Diego Garcia and Øyvind Norli. 2007. "Sports Sentiment and Stock Returns." *The Journal of Finance*, 62 (4): 1967–98.

36  Kaplanski, Guy and Haim Levy. 2010. "Exploitable Predictable Irrationality: The FIFA World Cup Effect on the U.S. Stock Market." *Journal of Financial and Quantitative Analysis*, 45 (2): 535–53.

37  Bucky. 2018. "Birth Order Effect Found in Nobel Laureates in Physics." LessWrong Blog (Online).

38  Messerli, Franz H. 2012. "Chocolate Consumption, Cognitive Function, and Nobel Laureates." New England Journal of Medicine, 367: 1562–4.

39  Golomb, Beatrice A. 2013. "Chocolate Habits of Nobel Prizewinners." Nature, 499: 409.

40  Borjas, George J. and Kirk B. Doran. 2015. "Prizes and Productivity: How Winning the Fields Medal Affects Scientific Output." *Journal of Human Resources*, 50 (3): 728–58.

41  Richard Hamming. 1986. "You and Your Research." Bell Communications Research Colloquium Seminar 강연문.

## 2부

1   Cherukupalli, Rajeev. 2016. "Editorial: Korea's 2015 cigarette tax increases."

*Tobacco Control*, 25: 123−4.

2   Jha, Prabhat and Richard Peto. 2014. "Global Effects of Smoking, of Quitting, and of Taxing Tobacco." *The New England Journal of Medicine*, 370: 60−8.

3   최성은. 2014. 〈담배과세의 효과와 재정〉. 조세재정연구원 보고서.

4   Choi, Seung Eun. 2017. "Impact of 2015 Korean Cigarette Tax Increase on Lower Income People." *Journal of Addiction Research and Therapy*, 8: 306−7.

5   Geruso, Michael and Dean Spears. 2018. "Neighborhood Sanitation and Infant Mortality." *American Economic Journal: Applied Economics*, 10 (2): 125−62.

6   Coffey, Diane et al. 2014. "Revealed Preference for Open Defecation: Evidence from a New Survey in Rural North India." *Economic and Political Weekly*, 49 (38): 43−55.

7   Stopnitzky, Yaniv. 2017. "No toilet No Bride? Intrahousehold Bargaining in Male−Skewed Marriage Markets in India." *Journal of Development Economics*, 127: 269−82.

8   이우진·조진순. 2016. "환경의 불평등과 개인성취의 불평등: 샤플리 값 분해 방법의 적용." 한국재정학회 추계학술대회 발표문.

9   Chair of the Council of Economic Advisers. 2012. 2012 Economic Report of the President.

10  Corak, Miles. 2013. "Income Inequality, Equality of Opportunity, and Intergenerational Mobility." *Journal of Economic Perspectives*, 27 (3): 79−102.

11  김희삼. 2014. "세대 간 계층 이동성과 교육의 역할." 김용성·이주호 편. 《인적자본 정책의 새로운 방향에 대한 종합연구》, 579−635.

12  OECD. 2017. How's Life? 2017: *Measuring Well-being*.

13  최한수와 이창민. 2018. "법원은 여전히 재벌(범죄)에 관대한가?" 국회 토론회 발표문.

14  Looney, Adam and Nicholas Turner. 2018. "Work and Opportunity Before and After Incarceration." The Brookings Institution Report.

15  Gupta, Arpit et al. 2016. "The Heavy Costs of High Bail: Evidence from Judge Randomization." *The Journal of Legal Studies*, 45 (2): 471−505.

16  Garrett, Brandon L. 2016. *Too Big To Jail*. Harvard Univerisity Press.

17  OECD. 2015. *Government at a Glance 2015*.

18  Jambeck, Jenna R. et al. 2015. "Plastic Waste Inputs from Land into the Ocean."

*Science*, 347 (6223): 768−71.

19　Geyer, Roland et al. 2017. "Production, Use, and Fate of All Plastics Ever Made." *Science Advances*, 3 (7).

20　Karami, Ali et al. 2017. "The Presence of Microplastics in Commercial Salts from Different Countries." *Scientific Reports*, 7.

21　Homonoff, Tatiana A. 2018. "Can Small Incentives Have Large Effects? The Impact of Taxes versus Bonuses on Disposable Bag Use." *American Economic Journal: Economic Policy*, 10 (4): 177−210.

22　Trudel, Remi, Jennifer J. Argo and Matthew D. Meng. 2016. "The Recycled Self: Consumers' Disposal Decisions of Identity−Linked Products." *Journal of Consumer Research*, 43 (2): 246–64.

23　Trudel, Remi and Jennifer J. Argo. 2013. "The Effect of Product Size and Form Distortion on Consumer Recycling Behavior." *Journal of Consumer Research*, 40 (4): 632–43.

24　Sikora, Joanna, M.D.R. Evans and Jonathan Kelley. 2019. Scholarly Culture: How Books in Adolescence Enhance Adult Literacy, Numeracy and Technology Skills in 31 Societies." *Social Science Research*, 77: 1−15.

25　Brunello, Giorgio, Guglielmo Weber and Christoph T. Weiss. "Books are Forever: Early Life Conditions, Education and Lifetime Earnings in Europe." *The Economic Journal*, 127 (600): 271−96.

## 3부

1　Obama, Barack. 2016. "This Is What a Feminist Looks Like." *Glamour* (Online).

2　Washington, Ebonya L. 2008. "Female Socialization: How Daughters Affect Their Legislator Fathers." *American Economic Review*, 98 (1): 311−32.

3　Glynn, Adam N. and Maya Sen. 2015. "Identifying Judicial Empathy: Does Having Daughters Cause Judges to Rule for Women's Issues?" *American Journal of Political Science*, 59 (1): 37−54.

4　Cronqvist, Henrik and Frank Yu. 2017. "Shaped by Their Daughters:

Executives, Female Socialization, and Corporate Social Responsibility." *Journal of Financial Economics*, 126 (3): 543−62.

5   Gompers, Paul A. and Sophie Q. Wang. 2017. "And the Children Shall Lead: Gender Diversity and Performance in Venture Capital." NBER Working Paper No. 23454.

6   Pew Research Center. 2017. "Americans See Men as the Financial Providers, Even as Women's Ccontributions Grow." (Online).

7   여성가족부. 2016. 〈양성평등 실태조사〉.

8   Murray−Close, Marta and Misty L. Heggeness. 2018. "Manning Up and Womaning Down: How Husbands and Wives Report Their Earnings When She Earns More." United States Census Bureau SESHD Working Paper No. 2018−20.

9   Bertrand, Marianne, Emir Kamenica and Jessica Pan. 2015. "Gender Identity and Relative Income within Households." *Quarterly Journal of Economics*, 130 (2): 571−614.

10  Schwartz, Christine R. and Pilar Gonalons−Pons. 2016. "Trends in Relative Earnings and Marital Dissolution: Are Wives Who Outearn Their Husbands Still More Likely to Divorce?" *RSF: The Russell Sage Foundation Journal of the Social Sciences*, 2 (4): 218−36.

11  Clayton, Amanda and Pär Zetterberg. 2018. "Quota Shocks: Electoral Gender Quotas and Government Spending Priorities Worldwide." *Journal of Politics*, 80 (3): 916−32.

12  Besley, Timothy et al. 2017. "Gender Quotas and the Crisis of the Mediocre Man: Theory and Evidence from Sweden." *American Economic Review*, 107 (8): 2204−42.

13  Allen, Peter and David Cutts. 2018. "How do Gender Quotas Affect Public Support for Women as Political Leaders?" *Journal of West European Politics*, 41 (1): 147−68.

14  World Economic Forum. 2017. *The Global Gender Gap Report 2017*.

15  The Economist. 2018. "The Glass−Ceiling Index." (Online).

16  OECD. 2017. *The Pursuit of Gender Equality: An Uphill Battle*.

17  CreditSuisse. 2016. The CS Gender 3000: The Reward for Change.

18 권혜연·권일웅. 2017. "여성 공무원이 정부의 질에 미치는 영향." 〈한국인사행정학회보〉, 16 (3): 177−202.

19 Institutional Shareholder Services. 2017. "Gender Parity on Boards Around the World." Harvard Law School Forum on Corporate Governance and Financial Regulation (Online).

20 Bertrand, Marianne, Emir Kamenica and Jessica Pan. 2015. "Gender Identity and Relative Income within Households." *Quarterly Journal of Economics*, 130 (2): 571−614.

21 Bursztyn, Leonardo, Thomas Fujiwara, and Amanda Pallais. 2017. "'Acting Wife': Marriage Market Incentives and Labor Market Investments." *American Economic Review*, 107 (11): 3288−319.

22 박미진. 2017. "성평등 인센티브의 남성 육아휴직 사용 확대효과." 〈여성연구〉, 94 (3): 37−78.

23 홍승아와 이인선. 2012. "남성의 육아참여 활성화를 위한 제도개선 방안." 한국여성정책연구원 연구보고서 No. 2012−18.

24 National Academies of Sciences, Engineering, and Medicine. 2016. *Parenting Matters: Supporting Parents of Children Ages 0-8*. Washington, DC: The National Academies Press.

25 Avdic, Daniel, and Arizo Karimi. 2018. "Modern Family? Paternity Leave and Marital Stability." *American Economic Journal: Applied Economics*, 10 (4): 283−307.

# 4부

1 Arangofeb, Tim. 2009. "Bet Your Bottom Dollar on 99 Cents." *New York Times*.

2 Schindler, Robert M. 2009. "Patterns of price endings used in US and Japanese price advertising." *International Marketing Review*, 26 (1): 17−29.

3 Thomas, Manoj and Vicki Morwitz. 2005. "Penny Wise and Pound Foolish: The Left−Digit Effect in Price Cognition." *Journal of Consumer Research*, 32 (1): 54–64.

4 Tversky, Amos and Daniel Kahneman. 1973. "Availability: A Heuristic for

Judging Frequency and Probability." *Cognitive Psychology*, 5: 207–32.

5  홍민아·석관호. 2015. "알파뉴메릭(alpha-numeric) 브랜드의 왼쪽자리 효과." 〈한국심리학회지: 소비자·광고〉, 16 (1): 45–61.

6  Lacetera, Nicola, Devin G. Pope, and Justin R. Sydnor. 2012. "Heuristic Thinking and Limited Attention in the Car Market." *American Economic Review*, 102 (5): 2206–36.

7  MacKillop, James et al. "Left–digit Price Effects on Smoking Cessation Motivation." *The British Medical Journal: Tobacco Control*, (23): 501–6.

8  Todorov, Alexander, Anesu N. Mandisodza, Amir Goren and Crystal C. Hal. 2005. "Inferences of Competence from Faces Predict Election Outcomes." *Science*, 308: 1623–6.

9  Antonakis, John and Olaf Dalgas. 2009. "Predicting Elections: Child"s Play!" *Science*, 323: 1183.

10  Murray, Gregg R. and J. David Schmitz. 2011. "Caveman Politics: Evolutionary Leadership Preferences and Physical Stature." *Social Science Quarterly*, 92 (5): 1215–35.

11  Roehling, Patricia V., Mark V. Roehling, Ashli Brennan, Ashley R. Drew, Abbey J. Johnston, Regina G. Guerra, Ivy R. Keen, Camerra P. Lightbourn and Alexis H. Sears. 2014. "Weight Bias in US Candidate Selection and Election", *Equality, Diversity and Inclusion: An International Journal*, 33 (4): 334–46.

12  Lenz, Gabriel S. and Chappell Lawson. 2011. "Looking the Part: Television Leads Less Informed Citizens to Vote Based on Candidates' Appearance." *American Journal of Political Science*, 55 (3): 574–89.

13  Hamermesh, Daniel S. 2006. "Changing Looks and Changing 'Discrimination': The Beauty of Economists." *Economics Letters*, 93 (3): 405–12.

14  Na, Jinkyung, Seunghee Kim, Hyewon Oh, Incheol Choi and Alice O'Toole. 2015. "Competence Judgments Based on Facial Appearance Are Better Predictors of American Elections Than of Korean Elections.", *Psychological Science*, 26 (7): 1107–13.

15  Silverman, Craig. November 16, 2016. "This Analysis Shows How Viral Fake Election News Stories Outperformed Real News On Facebook." *BuzzFeed*.

16  노성종·최지향·민영. 2017. "가짜뉴스 효과의 조건." 〈사이버커뮤니케이션학보〉,

34 (4): 99−149.

17 Allcott, Hunt, and Matthew Gentzkow. 2017. "Social Media and Fake News in the 2016 Election." *Journal of Economic Perspectives*, 31 (2): 211−36.

18 Nyhan, Brendan and Jason Reifler. 2010. "When Corrections Fail: The Persistence of Political Misperceptions." *Political Behavior*, 32: 303–30.

19 Wood, Thomas J. and Ethan Porter. 2018. "The Elusive Backfire Effect: Mass Attitudes' Steadfast Factual Adherence." *Political Behavior*, forthcoming.

20 Nyhan, Brendan, Ethan Porter, Jason Reifler and Thomas Wood. 2017. "Taking Corrections Literally But Not Seriously? The Effects of Information on Factual Beliefs and Candidate Favorability." SSRN 2995128.

21 Reuters Institute for the Study of Journalism(김선호·김위근 공역). 2017. 〈디지털 뉴스 리포트 2017: 한국〉. 한국언론진흥재단 미디어연구센터.

22 Mitchell, Amy, Katie Simmons, Katerina Eva Matsa and Laura Silver. JANUARY 11, 2018. "Publics Globally Want Unbiased News Coverage, but Are Divided on Whether Their News Media Deliver." Pew Research Center.

23 Edelman. 2018. *The 2018 Edelman TRUST BAROMETER*.

24 Dahl, Robert. 1961. *Who Governs?: Democracy and Power in an American City is a book in American political science by Robert Dahl*. Yale University Press.

25 Gilens, Martin and Benjamin I. Page. 2014. "Testing Theories of American Politics: Elites, Interest Groups, and Average Citizens. Perspectives on Politics." *Perspectives on Politics*, 12 (3): 564−81.

26 Bonica, Adam, Nolan McCarty, Keith T. Poole, and Howard Rosenthal. 2013. "Why Hasn't Democracy Slowed Rising Inequality?" *Journal of Economic Perspectives*, 27 (3): 103−24.

27 Confessore, Nicholas, Sarah Cohen and Karen Yourish. OCT. 10, 2015. "Here Are 120 Million Monopoly Pieces, Roughly One for Every Household in the United States." *New York Times*.

28 Barber, Michael J. 2016. "Representing the Preferences of Donors, Partisans, and Voters in the US Senate." *Public Opinion Quarterly*, 80 (S1): Pages 225–49.

29 Epp, Derek A. and Enrico Borghetto. 2018. "Economic Inequality and Legislative Agendas in Europe." Working Paper.

30 Bafumi, Joseph, Robert S. Erikson, and Christopher Wlezien. 2010. "Balancing,

Generic Polls and Midterm Congressional Elections." *The Journal of Politics,* 72 (3): 705–19.

31 Anonymous. Sept. 5, 2018. "I Am Part of the Resistance Inside the Trump Administration." *New York Times.*

32 Katz, Lawrence F., Jeffrey R. Kling and Jeffrey B. Liebman. 2001. "Moving to Opportunity in Boston: Early Results of a Randomized Mobility Experiment." *Quarterly Journal of Economics,* 116 (2): 607–54.

33 Kling, Jeffrey R., Jeffrey B. Liebman and Lawrence F. Katz. 2007. "Experimental Analysis of Neighborhood Effects." *Econometrica,* 75 (1): 83–119.

34 Sanbonmatsu, Lisa et al. 2011. "Moving to Opportunity for Fair Housing Demonstration Program: Final Impacts Evaluation." U.S. Department of Housing and Urban Development.

35 Ludwig, Jens, Greg J. Duncan, Lisa A. Gennetian, Lawrence F. Katz, Ronald C. Kessler, Jeffrey R. Kling, and Lisa Sanbonmatsu. 2013. "Long–Term Neighborhood Effects on Low–Income Families: Evidence from Moving to Opportunity." *American Economic Review,* 103 (3): 226–31.

36 Chetty, Raj, Nathaniel Hendren and Lawrence F. Katz. 2016. "The Effects of Exposure to Better Neighborhoods on Children: New Evidence from the Moving to Opportunity Experiment." *American Economic Review,* 106 (4): 855–902

37 Chyn, Eric. 2018. "Moved to Opportunity: The Long–Run Effects of Public Housing Demolition on Children." *American Economic Review,* 108 (10): 3028–56.

38 Beber, Alessandro and Marco Pagano. 2013. "Short–Selling Bans Around the World: Evidence from the 2007–09 Crisis." *The Journal of Finance,* 68 (1): 343–81.

39 IGM Panel. 2012. "Short Selling." (Online)

# 나는 감이 아니라 데이터로 말한다

ⓒ 신현호

초판 1쇄 발행 2019년 2월 26일
초판 5쇄 발행 2022년 11월 21일

**지은이** 신현호
**펴낸이** 이상훈
**편집인** 김수영
**본부장** 정진항
**인문사회** 권순범 김경훈
**마케팅** 김한성 조재성 박신영 김효진 김애린 오민정
**사업지원** 정혜진 엄세영
**디자인** DesignZoo

**펴낸곳** (주)한겨레엔 www.hanibook.co.kr
**등록** 2006년 1월 4일 제313-2006-00003호
**주소** 서울시 마포구 창전로 70 (신수동) 화수목빌딩 5층

**전화** 02) 6383-1602~3
**팩스** 02) 6383-1610
**대표메일** book@hanien.co.kr

ISBN 979-11-6040-233-9 03320